«VARIA»

Carolyn N. Bushong

L'AMORE INTELLIGENTE

Sperling & Kupfer Editori

Traduzione di Maria Luisa Cosmaro
The Seven Dumbest Relationship Mistakes Smart People Make
Copyright © 1997 by Carolyn N. Bushong, L.P.C.
This translation published by arrangement with Villard Books,
a division of Random House, Inc.
© 2000 Sperling & Kupfer Editori S.p.A.

ISBN 88-200-2956-1
35-I-2000

Ad Alan,
l'amore della mia vita.

Indice

Ringraziamenti

DESIDERO ringraziare soprattutto Alan, il mio affettuoso compagno che, dopo nove anni, è ancora al mio fianco più forte che mai e sempre più sollecito nell'offrirmi il suo sostegno. Noi due ci incontrammo dopo che avevo commesso la maggior parte dei sette errori descritti in queste pagine (così come li aveva commessi lui); entrambi eravamo ansiosi di cambiare e crescere insieme nell'ambito di una relazione più sana. Apprezzo davvero molto il fatto che Alan, dopo essersi fatto vanto di essere un uomo «riservato», sia riuscito ad abituarsi a sentirmi parlare della nostra vita in TV o alla radio, o a ritrovarla descritta in questo libro. Ho inoltre apprezzato immensamente la sua capacità di continuare a starmi vicino nei momenti in cui questo progetto mi creava qualche tensione.

Tengo anche a ricordare la mia famiglia, che ha trascorso l'ultima vacanza con me guardandomi lavorare al computer. Sono grata a tutti loro per avermi aiutata a risolvere i miei problemi e per avere rivissuto con me il passato, permettendomi di non ricadere continuamente in certi meccanismi sbagliati. Ringrazio in particolar modo mia sorella, Ruth Krueger, che ha fatto la mia stessa scelta professionale ed è divenuta la mia migliore amica, e poi mio nipote Brett e Alecia, la figlia di Alan, che hanno compreso quanto li amassi anche in periodi in cui non riuscivamo a sentirci per mesi interi.

Un ringraziamento speciale va a Patty Romanowski per l'assistenza che mi ha offerto nella stesura. Ha concluso il suo master in consulenza matrimoniale mentre contemporaneamente mi aiutava a portare a termine questo libro con competenza, impegno e una profonda conoscenza dell'argomento.

Voglio esprimere la mia gratitudine a Suzanne Wickham-Beaird della Villard Books, che ha creduto in questo lavoro. La sua capacità di trovare un punto d'incontro tra la mia esperienza e le esigenze femminili, che lei conosce tanto bene, ha dato il giusto taglio al libro.

Grazie anche a Debi Galbaugh, per non essersi mai tirata indietro ogni volta che le ho inviato l'ennesima revisione da riportare a computer. La sua tenacia e la sua disponibilità sono state preziose.

Ringrazio la dottoressa Ida Truscott, con la quale mi sono consultata nel corso degli anni e che non mi ha mai negato il suo aiuto per chiarirmi e riordinare le idee, e la dottoressa Virginia Moore, mio primo mentore, il cui entusiasmo in materia mi ha sostenuto in tutto questo tempo.

La mia gratitudine va anche al mio agente, Alan Nevins, che mi ha rassicurato ogni qualvolta mi facevo prendere dal panico; ai produttori televisivi Scott Martin e Donna Wright, per l'intelligente direzione dei mass media; la loro collaborazione professionale è stata molto importante. A John Peake, che mi ha concesso la massima libertà nell'ideazione del mio programma radiofonico; a Rick O'Bryan, che conduce insieme con me *Passion Phones*, e al mio avvocato Michael London per le sue eccellenti doti di negoziatore.

Desidero ricordare le redattrici Bonnie Krueger di *Complete Woman*, Stephanie von Hirschberg di *New Woman*,

Diane Baroni di *Cosmopolitan*, Catherine Romano di *Marie Claire* e Adelaide Farah di *Woman's Own*, che chiedono regolarmente il mio parere professionale.

Infine, un sentito ringraziamento a tutte le mie clienti: a quelle le cui storie hanno fornito gli spunti per questo libro, a quelle che vi compaiono, e in particolare a coloro che hanno ampliato e approfondito la mia comprensione di questi sette errori. È per me un'enorme soddisfazione seguirle nei cambiamenti e nel percorso di crescita verso il controllo della loro vita e dei loro rapporti interpersonali.

Introduzione

«Ho alle spalle un matrimonio fallito e, ancor prima, una convivenza finita male», mi racconta Debora, una donna in carriera di quarantotto anni, «e ogni volta che penso di avere trovato la persona giusta ce la metto tutta, ma sembra che loro non apprezzino mai quel che faccio, e poi la storia finisce. Ora sono innamorata di un tale, ma temo di ricadere negli stessi errori.»

«Pensavo che fosse l'uomo giusto, e così ci sono andata a letto al secondo appuntamento», spiega Angela, trentaquattro anni. «Sono sicura che siamo fatti l'uno per l'altra, ma lui non mi ha più richiamata. Perché gli uomini hanno tanta paura di impegnarsi?»

«Lui dice di amarmi, e io non mi sono mai sentita così vicina a qualcuno in vita mia», dice Karen, avvocato alle soglie dei trent'anni, «ma allora, come mai non c'è quando sono depressa? Sembra che non capisca come mi sento. Per quale motivo devo sempre spiegargli tutto, parola per parola? Mi rende le cose davvero difficili.»

Come la maggior parte delle mie clienti – anzi, come la maggior parte delle persone – queste donne si stanno chiedendo: «Perché non riesco a trovare la relazione giusta?» Oppure: «Come mai non sono in grado di far funzionare le cose tra noi due?» Per molte un buon rapporto di coppia appare come un sogno impossibile, mentre quelli negativi divengono incubi ricorrenti. Tra le donne con cui ho parlato, tante vogliono davvero cambiare e migliorare la loro vita sentimentale, ma tutto ciò che sanno riguardo all'amore – a partire da ciò che hanno vissuto da bambine, osservando i genitori, per finire con i consigli delle amiche – dice loro che amare significa soffrire, che il desiderio di una relazione sana e in grado di rafforzare l'autostima è irrealizzabile; non c'è da stupirsi se poi si ritrovano intrappolate nelle contraddizioni. Se sono single, si aggrappano tenacemente alla fragile speranza di trovare il vero amore, ma sono certe in partenza che la ricerca sia destinata all'insuccesso; bramano l'uomo giusto, tuttavia sono segretamente convinte che non esista. Se vivono un rapporto di coppia, vorrebbero con tutta l'anima che fosse migliore, ma credono di doversi accontentare di meno: meno amore, meno sesso, meno comunicazione, meno passione. Io sono qui per assicurarvi che non è necessariamente così.

La maggior parte di noi crede che le relazioni siano difficili perché gli uomini sono immaturi, perché noi non siamo all'altezza, o perché alcune persone sono, in parole povere, cattive o negative. Tuttavia il problema vero, quando si parla di amore, è che nessuno ci ha mai insegnato che cosa sia un sentimento sano, né come farlo sbocciare e crescere. Di conseguenza, commettiamo uno o più dei sette più probabili errori in questo campo, solitamente gli stessi, e continuiamo a ripeterli. Lo facciamo inconsciamente, pertanto quando ci ritroviamo nella stessa situazione tendiamo a comportarci nello stesso modo, senza realmente capire che cosa diavolo stiamo facendo o perché. Proprio per questo è importante identificare gli atteggiamenti sbagliati che adottiamo. Una volta che li avremo determinati, potremo affrontare il problema alla radice e trovare delle soluzioni efficaci.

Quando sbagliamo, di solito commettiamo uno dei sette errori più stupidi:

- tentiamo di imporre l'intimità;
- ci aspettiamo che il nostro compagno sappia leggerci nel pensiero;
- ci atteggiamo a martiri;
- partiamo dal presupposto di avere sempre ragione;
- ci lanciamo in soccorso del partner;
- diamo per scontato il rapporto di coppia;
- lasciamo svanire la passione.

Sono moltissime le donne che cadono in questi comportamenti sbagliati, al punto che non sorprende constatare come siano considerati del tutto normali. In realtà non lo sono per nulla, tant'è che portano a relazioni difficili e all'infelicità. Ma non deve essere per forza così.

Questi errori sono commessi sia dalle donne sia dagli uomini, ed entrambi si sentono vittime del rapporto di coppia. A dire il vero dovrei aggiungere che, di fatto, lo sono, sia le une sia gli altri. La tragedia è che gran parte della sofferenza di cui sono stata testimone tra le pareti nel mio studio si sarebbe potuta evitare se soltanto a ognuno di noi fosse stato insegnato come bisogna comportarsi nell'ambito di un rapporto sentimentale. Se a questa ignoranza si aggiunge una buona dose di convinzioni irrealistiche che in ultimo si ritorcono contro chi le nutre – tra cui, per esempio, «quando c'è il vero amore, dovrebbe essere tutto facile» – otteniamo la ricetta di un vero disastro. L'aspetto positivo è che il problema non siete voi, né il vostro compagno. Le persone veramente negative o malvagie sono poche, ma si fanno un sacco di terribili errori e si agisce seguendo copioni sbagliati che sembra inevitabile ripercorrere. E come potrebbe essere altrimenti? Dopo tutto, non siamo ricompensati nel momento in cui ci riconosciamo colpevoli dei nostri errori, stabiliamo i nostri limiti, sopportiamo critiche e intrighi, risolviamo le questioni senza creare un vincente e un perdente.

Questo libro vi insegnerà tutto ciò che bisogna sapere sulla relazione di coppia ma che nessuno si è mai preso la briga di spiegarvi. Vi guiderà a una reale comprensione delle vostre dinamiche comportamentali e vi mostrerà come riscrivere il copione da seguire. Vi indicherò come

- riconoscere gli errori che commettete e assumervene la responsabilità;
- smettere di dare la colpa agli altri;
- identificare e cambiare i comportamenti negativi;
- stabilire e salvaguardare i limiti personali;
- fare in modo che gli altri si assumano la responsabilità del loro comportamento nei vostri confronti;
- evitare di mantenere in vita un'unione per i motivi sbagliati;
- assumervi la responsabilità della vostra felicità;
- stimolare e mantenere relazioni basate sull'onestà.

Talvolta le donne si rendono conto di portarsi dietro gli stessi comportamenti da una storia sentimentale all'altra: tuttavia, insistono che sono gli atteggiamenti negativi dei partner a giustificare la loro risposta, o che «non possono fare a meno» di provare certi stati d'animo, o che l'amore in fin dei conti si riduce a un gioco al massacro in cui delusioni e conflitti costituiscono la regola, non l'eccezione. Credetemi, ne ho sentite di tutti i colori. Mi sono resa io stessa colpevole di credere ad alcuni di questi luoghi comuni, ma ho scoperto una via migliore, e potete farlo anche voi.

Il mio percorso personale

Sono una psicoterapeuta ed esercito la professione da oltre vent'anni; in questo arco di tempo ho imparato molte cose sugli uomini, sulle donne e sui rapporti di coppia. Ho scelto la sfera della consulenza relazionale per due ragioni personali: in primo luogo volevo tentare di «curare» i problemi matrimoniali dei miei genitori (che ora comprendo nessun altro avrebbe potuto risolvere se non loro), i quali in seguito hanno divorziato. In secondo luogo, sentivo la necessità di liberarmi almeno in parte dei timori che nutrivo nei confronti dell'intimità, e in questo caso ho raggiunto il traguardo che mi ero prefissa. Ma non è stato facile.

Ho avuto un matrimonio in giovane età durato tre anni, una convivenza di altri tre anni e numerose storie, e ho sempre commesso ognuno degli errori che troverete descritti in questo libro. Nel momento in cui gli uomini si allontanavano da me perché tentavo di imporre un'atmosfera di intimità, ne rimanevo profondamente ferita, ma razionalizzavo la mia sofferenza pensando che fossero loro a non essere sufficientemente maturi, affettuosi o altruisti per starmi accanto nel modo giusto.

Sebbene mi considerassi aperta, adesso riesco a capire che spesso tenevo per me stessa alcune informazioni perché mi aspettavo che loro riuscissero a leggermi nella mente. Se non lo facevano o non ne erano capaci, allora li incolpavo di non essere in grado di comprendere i miei bisogni; non ero io a sbagliare. Poi facevo la martire, raccontando a tutti coloro che erano disposti ad ascoltarmi dei maltrattamenti subiti e della mia infelicità.

A volte mi è capitato di avere la reazione esattamente opposta al vittimismo: cercavo di acquisire il controllo sin dall'inizio, partendo dal presupposto di avere sempre ragione riguardo a tutto. I miei studi nel campo della psicoterapia mi avevano resa piuttosto esperta nel bloccare il rifiuto dei miei compagni con un'analisi «obiettiva» dei loro problemi. Poi passavo alla fase in cui avvertivo l'urgente bisogno di risolverli, e tentavo quindi di andare in soccorso dei miei fidanzati (tutto sommato, chi meglio di me sapeva qual era la soluzione migliore per loro?), e successivamente me la prendevo perché si appoggiavano troppo a me. Quelli che riuscivano a starmi accanto abbastanza a lungo erano dati per scontati, finché in ultimo mi sentivo attratta da qualcun altro e lasciavo che la passione tra noi svanisse.

Non che abbia commesso tutti gli errori in ogni storia, e devo dire che alcune sono state migliori – più felici, più soddisfacenti – di altre. Ma quei sette errori erano sempre in agguato, mi perseguitavano. Mi davano una percezione sbagliata del partner che mi era accanto e costituivano inoltre una minaccia per le relazioni successive. Ho compreso solo in seguito che il problema reale riguardava non solo l'errore in se stesso, ma soprattutto le ragioni che mi avevano portata a commetterlo.

Senza rendermene conto rimasi intrappolata in un interminabile ciclo di delusioni, che poteva però essere interrotto. Durante tutto quel periodo non fui neppure lontanamente sfiorata dall'idea che fosse possibile instaurare un rapporto sano e felice con un uomo, né tanto meno amarlo follemente e rimanerne attratta per un bel po' di tempo. In fondo, mi era capitato molto raramente di vedere qualcosa del genere. E, quando osservavo le coppie di lunga data, i loro matrimoni per cui tutti dicevano valesse la pena fare qualsiasi sacrificio, riuscivo solo a vedere persone che avevano perso la vivacità, il gusto per la vita. Sapevo che non avrei mai potuto rassegnarmi a una cosa simile. Con il tempo, mi feci coinvolgere sempre più dalla mia professione e mi fu più facile rimanere sola. Avevo avuto la mia dose di storie di passione totalizzante costruite per metà sull'amore e per metà sull'odio; mi avevano privata dell'energia necessaria a concentrarmi sul lavoro.

Ero pronta a vivere da sola il resto della mia vita perché, ragionavo, era impossibile avere un rapporto soddisfacente con un uomo. Poi incontrai il mio attuale compagno, Alan, e lui mi dimostrò che avevo torto. Prima che ve lo immaginiate sul punto di entrare nella mia vita su un bianco destriero come il cavaliere di una favola, lasciatemi spiegare.

In collera com'ero con il sesso opposto, e sulle difensive rispetto alla parte che avevo precedentemente avuto nelle relazioni di coppia, non ero certo una principessa indifesa in attesa di essere salvata. Ero convinta che fossero gli uomini la causa di tutti i problemi nei rapporti di coppia. E Alan aveva al suo attivo una storia finita dopo diciassette anni e tutte le sue perplessità. Riuscii tuttavia a intuire che era una persona speciale, veramente buona e sensibile. Non voglio dire che non avessimo entrambi delle difficoltà; al contrario, ne avevamo eccome. Questa volta la differenza stava nel fatto che eravamo entrambi determinati ad affrontarle e superarle.

Quindi, sebbene sia basato su anni di osservazione e sul sostegno fornito a migliaia di clienti – donne e uomini – questo libro è ispirato anche alla mia esperienza personale.

Anche voi potete smettere di commettere questi stupidi errori

È più facile dirlo che farlo, ve lo posso assicurare. Ma questo è un ritornello che accompagna costantemente tutte le cose che vale la pena intraprendere. Il segreto che finora nessuno si è curato di svelarvi è che potete interrompere un ciclo negativo. Nel corso della vostra vita avete attraversato molte fasi e diversi stadi, avete stabilito innumerevoli relazioni interpersonali e siete state forgiate, nel bene e nel male, da tali esperienze. Genitori, altri membri del nucleo famigliare, amici, amanti, mariti, persino i figli possono andare e venire.

La vostra esistenza oggi potrebbe essere esattamente uguale a vent'anni fa, o totalmente diversa da quella della scorsa settimana. L'unica costante, l'unica cosa su cui potete sempre contare, siete voi stesse. Siete la prima persona che dovete imparare a comprendere e ascoltare; dovete scoprire il vostro pieno potenziale. Sì, lo so, i vostri genitori probabilmente non sono stati perfetti, i vostri precedenti partner hanno indubbiamente danneggiato la vostra autostima e il vostro attuale compagno non soddisfa appieno le aspettative che avete. Questi sono tutti argomenti validi, e si ripercuotono sul modo in cui oggi gestite le situazioni. Ma che dire del futuro? Che cosa potete fare per diminuire la stretta alla gola del passato, per impedirvi di ricadere nei soliti comportamenti autodistruttivi, per vivere veramente e amare la vita nella sua pienezza?

PARTE PRIMA

Perché le donne intelligenti commettono errori stupidi

1

Come funzionano davvero le relazioni di coppia

I sette errori più stupidi che le persone intelligenti commettono

INNANZI tutto, sia chiaro che i rapporti di coppia non sono mai stati facili e non lo saranno mai. Paghiamo lo scotto dell'idea che ci vogliano tempo e impegno per instaurare una relazione sana, mantenerla viva e ricavarne gioia e soddisfazione. E, sì, spesso investiamo molto in una storia solo per scoprire, in seguito, di averlo fatto inutilmente. Allora ci ritroviamo nel bel mezzo del naufragio di un amore fallito e ci chiediamo affrante: «Perché si è rivelato un tale bastardo? Che cosa mi è successo?» La domanda che invece dovremmo porci è: «Che cosa avrei potuto fare per impedire un tale disastro?»

Spesso abbiamo la sensazione che qualcosa non quadri, che esista una possibilità di miglioramento, ma ci sfugge quello che dovremmo fare, come farlo, e perché. Sotto sotto, temiamo di essere inadeguate e di non meritare un uomo con cui essere felici.

Poi promettiamo a noi stesse di voltare pagina: iniziamo una dieta, prendiamo un'altra laurea, cambiamo professione, oppure ci dedichiamo allo shopping estremo nel tentativo di renderci più attraenti per il prossimo «Mister Meraviglia».

Se siamo intelligenti, questa volta andiamo in cerca di qualcuno che abbia caratteristiche completamente diverse, che non ci tratterà come hanno fatto gli altri in passato. Tuttavia, non molto tempo dopo avere trovato un nuovo partner, qualcosa inizia a sembrarci vagamente familiare, e presto tutto il rapporto diventa un *déjà vu*. Non c'è da stupirsene: ricadiamo nei soliti errori. Allora magari leggiamo dei libri di autoanalisi o le rubriche e gli articoli dedicati ai problemi di coppia; forse parliamo con le amiche o ci rivolgiamo persino a un terapeuta. Talvolta discutiamo addirittura con il compagno, dicendo a noi stesse che se provassimo con maggior impegno, se parlassimo di più, se promettessimo di cambiare, potremmo incappare nel segreto della felicità. Quando ciò non accade e la relazione finisce, ripercorriamo ogni conversazione, analizzando quello che è avvenuto e stabilendo chi aveva ragione e chi torto. Probabilmente giuriamo a noi stesse che non usciremo mai più in vita nostra con qualcuno che somigli vagamente a «quel tipo». Oppure ci arrendiamo e non ci innamoriamo più. Comunque finisca, spesso ciò capita perché, indipendentemente da quanto siamo intelligenti, abbiamo ripetuto almeno uno dei sette errori più stupidi.

Quale dei seguenti errori avete commesso in passato? Quale fate ancora oggi? Se non riuscite a sceglierne uno solo, rilassatevi: la maggior parte di noi ha la stessa difficoltà, e certe situazioni molto comuni ne implicano due o più contemporaneamente. A volte un errore ci porta quasi inevitabilmente a un altro. Per esempio, quando iniziamo a dare per scontato il nostro uomo, esistono buone probabilità che successivamente arriveremo a spezzare il legame dell'attrazione sessuale, così che, prima o poi, la passione si spegnerà.

**Evitate i sette errori più stupidi
(ovvero, i sette modi per far funzionare l'amore)**

1. Smettete di forzare l'intimità (e iniziate a lasciare che l'amore fluisca).
2. Smettete di aspettarvi che il partner vi legga nel pensiero (e iniziate a spiegare esattamente che cosa provate e desiderate).
3. Smettete di atteggiarvi a martiri (e iniziate a rifiutare i maltrattamenti).
4. Smettete di partire dal presupposto di avere sempre ragione (e iniziate ad avere una mentalità più aperta).
5. Smettete di lanciarvi in aiuto del compagno (e prendete il controllo della vostra vita).
6. Smettete di dare per scontato il vostro uomo (e iniziate a rispettare il vostro amore).
7. Smettete di lasciare che la passione si spenga (e giurate di continuare sempre a innamorarvi).

Diversi fattori contribuiscono a farci cadere in trappola: le relazioni passate, le convinzioni sulle persone e sull'amore, e una scarsa autostima. Non possiamo pretendere di correggere i nostri comportamenti se prima non comprendiamo perché li abbiamo avuti e – soprattutto – quale logica ci porta a ripeterli. Il primo dei molti equivoci in cui si incappa è la concezione irrealistica dell'amore romantico.

Prima convinzione errata: l'amore dovrebbe essere una faccenda semplice

È molto diffusa l'idea che l'amore dovrebbe essere facile? Non è così, le relazioni sono difficili. Sì, richiedono tempo ed energia, sensibilità e buon senso. Ma possono anche essere infinitamente gratificanti e meritevoli delle nostre attenzioni. Per mantenere in buona salute qualsiasi rapporto di coppia – e specialmente per mantenere vivo l'amore – dobbiamo accordargli il rispetto e le attenzioni che dedicheremmo a un essere umano. Indipendentemente da quanto sia profondo il legame che unisce due persone, la loro relazione è un'entità separata con necessità proprie.

Quando parliamo di «uomini», «donne», «relazioni», «amore» e «matrimonio», cadiamo spesso nella trappola di considerarli entità predefinite, monolitiche e immutabili. Discutiamo di ciò che gli uomini «dovrebbero fare» e di come le storie «dovrebbero essere» ma, come vi dirò, raramente ci domandiamo perché la pensiamo così. Fatto più importante, finché non ci ritroviamo a dover affrontare un problema, non prestiamo grande attenzione alle sue conseguenze. Il lato positivo è che, indipendentemente dal vostro passato sentimentale o da quello del partner, l'attuale legame può divenire ciò che entrambi volete farne. Innamorarsi non è come traslocare in uno qualsiasi dei milioni di appartamenti identici, arredati in serie, di un residence raffinato. Di fatto, alimentare e proteggere l'amore somiglia più a vivere in una casa che voi e il vostro compagno dovete costruire, mantenere in buono stato e talvolta addirittura riedificare.

Spesso sento le donne lamentarsi del fatto che i loro uomini «non ascoltano», «non si impegnano a cambiare», oppure «se ne fregano». Tuttavia, quando sono oneste, spesso scoprono di non avere mai dato ai partner la possibilità di provare quanto la relazione significasse per loro. Molte volte si sottraggono al conflitto per timore di uccidere la relazione. Talvolta credono che sia meglio proteggere il compagno che confrontarsi sui problemi, o che sia più nobile soffrire in silenzio che sembrare una brontolona. In altri casi credono che l'amore sia una questione o sempre facile, o sempre difficile, o che ammettere di avere un problema sia un segno di debolezza personale o nel relazionarsi con gli altri. Indipendentemente dalle ragioni, queste donne seguono idee che possono solo minare l'amore.

Le persone che stabiliscono un legame sano non evitano le sfide dell'amore; le affrontano responsabilmente. Esaminare un problema, vagliarne le possibili soluzioni, migliorare la relazione non sono solo elementi essenziali per tenere in ordine la vostra casa, ma possono anche aumentare la vostra autostima, il rispetto per l'altro e l'impegno profuso nel rapporto di coppia. Come per qualsiasi altra capacità, la pratica porta alla perfezione. Essere in grado di pensare in positivo, a una questione risoltasi brillantemente o a una più aperta comunicazione tra voi vi fornirà un punto di partenza quando la casa necessiterà di altre riparazioni.

Le buone relazioni incoraggiano l'onestà, la collaborazione, la stima e il rispetto. Ora pensate ai vostri genitori, e chiedetevi se il loro rapporto fosse fondato su alcuni di questi valori. Se siete come la maggior parte delle donne che hanno problemi di relazione, la risposta è «non molti», oppure «nessuno».

Perché scambiamo l'amore di qualità scadente per vero amore

Le azioni parlano più forte delle parole, e i bambini sono bravissimi a coglierne il significato. Privi della complessità intellettuale necessaria per farsi fuorviare da ciò che le persone affermano di voler dire, imparano come comportarsi osservando ciò che di fatto avviene. Prima ancora di saper leggere assorbono un'intera enciclopedia di psicologia umana. Quando sono abbastanza grandi da accorgersi che non tutte le dinamiche famigliari sono uguali, sono già stati plasmati dai valori, dagli atteggiamenti e dai comportamenti vissuti in prima persona. E, dal momento che i bambini sono estremamente legati ai genitori, e bisognosi di amore e di cura, saranno i rapporti con e tra i genitori a insegnare loro che cosa devono aspettarsi dall'amore. Quello che il padre e la madre dicono e fanno, i comportamenti che tollerano l'uno dell'altro e nei confronti dei figli fissano i parametri di ciò che sarà considerato normale, accettabile e desiderabile in qualcuno che li ama. Inoltre, nella nostra cultura è tradizione insegnare alla prole ad accettare un trattamento irrispettoso. Persino dei genitori attenti e mossi dalle migliori intenzioni fanno delle affermazioni o hanno dei comportamenti che i piccoli interpretano come atti di rifiuto. Quando sono rimproverati per una qualche disubbidienza o «per il loro stesso bene», i bambini sentono la minaccia della perdita dell'amore.

La fisica ci insegna che a ogni azione corrisponde una reazione uguale e contraria. La stessa legge può essere applicata nel campo delle relazioni interpersonali. Spesso diamo per scontato che i bambini, essendo indifesi, siano anche incapaci di reagire, ma ciò non è per nulla vero; di solito fanno riferimento al modello dei genitori per ribellarvisi. In ogni caso, da piccoli è difficile controbattere, quindi si impara a utilizzare tutta una gamma di meccanismi di sopravvivenza. Può darsi che noi tenessimo il broncio in silenzio, che frignassimo continuamente o che urlassimo con tutto il fiato che avevamo in corpo. Magari davamo sfogo alla rabbia impulsivamente, o la covavamo dentro di noi per settimane. Forse avevamo semplicemente imparato a ignorare mamma e papà, o a mentire. Oppure eravamo divenute delle consumate «brave bambine», facevamo tutto ciò che sapevamo li avrebbe mantenuti per sempre al nostro fianco e ogni tanto ricorrevamo alla strategia giusta per procurarci ciò che volevamo o almeno per metterci al riparo dalla sofferenza.

Le famiglie con una dinamica disfunzionale non solo insegnano, ma addirittura rafforzano le lezioni negative. Quando il babbo diceva a mamma che la amava ma poi la metteva in ridicolo, noi ne deducevamo che voler bene a qualcuno ci dà il diritto di offenderne la dignità. Magari eravamo persino invitate a unirci agli scherni. Quando lei si lamentava amaramente con noi del fatto che papà bevesse troppo ma poi lo accoglieva ogni sera sull'uscio con un aperitivo in mano, ne ricavavamo che è normale, magari persino meglio, rinunciare alle proprie convinzioni per mantenere l'armonia e fare felice qualcun altro. E quando in seguito lei chiamava il capo di papà e gli spiegava che lui aveva l'influenza per coprire i postumi di una sbornia, imparavamo che va bene mentire e che saremmo state noi, non lui, ad assumerci le conseguenze delle sue azioni.

Crescendo abbiamo incontrato altre persone – parenti, amici, amanti, compagni – le cui dinamiche famigliari probabilmente non sono state migliori di quelle vissute in casa nostra. Durante l'adolescenza, con i primi timidi passi nel mondo dell'amore, abbiamo acquisito tutta una nuova gamma di aspettative irrealistiche e di messaggi demolitori della nostra autostima. D'un tratto, invece di competere e di avere rapporti con quel paio di persone che già ci amano, ci ritroviamo a cercare l'approvazione, l'accettazione e l'affetto in un mondo di estranei. Non c'è dunque da stupirsi se ci sentiamo naturalmente attratte da individui il cui comportamento e i cui atteggiamenti ci sembrano familiari e ci mettono a nostro agio, ci fanno sentire a casa. Se mettete a confronto il vostro padre semialcolizzato di mezza età e il vostro ragazzo all'università che fa di tutto per ottenere il massimo dei voti, può darsi che li troviate immensamente diversi. Ma se andate oltre e osservate meglio ciò che motiva entrambi, scoprirete molte analogie che non vi sareste mai aspettate. Tutti e due potrebbero essere troppo preoccupati di darvi l'amore e l'attenzione che desiderate così disperatamente, ed essere quindi emotivamente assenti nei vostri confronti. Anche quando ci mettiamo alla ricerca di compagni dai comportamenti diametralmente opposti a quelli dei nostri genitori, più spesso di quanto non crediamo, troveremo qualcuno che ci tratta sostanzialmente nello stesso modo di uno o di entrambi.

Identificate i vostri errori

Quando tentiamo di individuare i problemi sorti nel rapporto di coppia seguendo le indicazioni che abbiamo assorbito in famiglia, o frequentando gli amici, oppure nel corso di relazioni precedenti, o ancora basandoci sulle nostre insicurezze e paure, raramente ci rendiamo conto che stiamo utilizzando gli strumenti sbagliati. Senza mai mettere in discussione le nostre azioni, ripetiamo gli errori che abbiamo già individuato, poi li difendiamo ogni qualvolta ci sentiamo minacciate. Dopo che il partner vi ha trattate male, per esempio, potreste reagire impegnandovi più a fondo nella relazione. Quando gli amici vi consigliano di mollarlo lo difendete – e proteggete anche voi stesse – accampando scuse come: «Attualmente sta passando un periodo davvero difficile e ha bisogno di me». E dopo poco vi ritrovate di nuovo ferite.

Quando le nostre azioni si rivelano inefficaci, ce ne sorprendiamo e ci scoraggiamo, arriviamo addirittura a pensare che non c'è niente da fare, e devo ammettere che in qualche caso potrebbe essere vero. Ma, per la maggior parte delle donne che ho seguito, tutti i problemi avevano una soluzione, e il primo passo per trovare una via d'uscita è stato invariabilmente riconoscere gli errori che commettevano.

Potreste rimanere sorprese scoprendo il vero sbaglio alla base di certi comportamenti, ma i più dovrebbero risultarvi ovvi. Potreste chiedervi: «Che cosa c'è che non va in quelle donne? Non sono abbastanza intelligenti da capirlo?»

Se bastasse l'intelligenza, gli psicoterapeuti non avrebbero più di che vivere e l'umanità sarebbe felice e contenta. Ma, come ormai probabilmente sospettate, ci vuole ben altro. La logica e il cervello non controllano le nostre reazioni emotive. I problemi che affliggono e distruggono le relazioni non sono come le difficoltà affrontate a scuola o sul luogo di lavoro. Intanto, a quelle qualcuno vi ha preparate, vi sono stati indicati i modi migliori per individuare e superare i problemi che quelle attività comportavano. Quando invece si tratta di fare i conti con il rapporto di coppia, non ci sono istruzioni cui fare riferimento. Quel poco che avete appreso qua e là è, nella migliore delle ipotesi, completamente sbagliato e, nella peggiore, autodistruttivo.

Se vi ritrovate a...	Perché credete che...	Forse state commettendo questo errore stupido						
		1. Forzate l'intimità	2. Volete che vi legga nel pensiero	3. Fate la martire	4. Pensate di avere sempre ragione	5. Volete salvare il partner	6. Date per scontato il partner	7. Lasciate spegnere la vostra passione
adottare i suoi amici e interessi trascurando o abbandonando i vostri	presto diverrete inseparabili, e che il vero amore richieda questo sacrificio	✗		✗		✗		
pensare: «Non è l'uomo che credevo»	sia «cattivo»		✗		✗		✗	✗
tentare di far funzionare la relazione investendo maggiori energie rispetto a lui	se gli darete di più, vi amerà di più	✗		✗		✗		
flirtare e desiderare altri	lui non sia più attratto da voi		✗					✗
dirgli che cosa deve fare, come e quando farlo	lui non sia in grado di farlo, a meno che voi non gli diate indicazioni			✗	✗	✗	✗	
avere accessi d'ira e poi pentirvene	sia brutto esprimere la propria rabbia, anche se arrivate al punto di non essere più in grado di contenerla	✗	✗		✗	✗		
prendere in considerazione l'idea di avere un'altra storia o passare alle vie di fatto	lui non vi capirà mai, quindi avete tutti i diritti di trovare qualcun altro che soddisfi le vostre necessità		✗				✗	✗

Se vi ritrovate a...	Perché credete che...	Forse state commettendo questo errore stupido						
		1. Forzate l'intimità	2. Volete che vi legga nel pensiero	3. Fate la martire	4. Pensate di avere sempre ragione	5. Volete salvare il partner	6. Date per scontato il partner	7. Lasciate spegnere la vostra passione
tentare di rendergli pan per focaccia	meriti di essere punito e che la punizione gli farà cambiare atteggiamento		✗	✗	✗	✗		
telefonargli, spedirgli biglietti, tentare approcci sessuali senza essere ricambiate	dargli la caccia farà sì che lui vi desideri	✗		✗				
parlargli alle spalle	lui non può comprendere i vostri sentimenti e voi sentite il bisogno di fare affidamento su qualcuno		✗	✗		✗		
mantenervi occupate per evitare di vederlo	sia meglio mantenere le distanze che litigare		✗				✗	✗
lamentarvi o piangere a causa dei problemi provocati dalla relazione	la vita dovrebbe essere giusta e semplice		✗	✗	✗	✗		
criticare apertamente il partner, giudicarlo e/o rimproverarlo	mettere a fuoco i suoi problemi lo aiuterà a diventare una persona migliore				✗		✗	
litigare su chi di voi abbia ragione e chi torto	ci sia solo un modo giusto per fare le cose, il vostro		✗		✗	✗	✗	

segue

Forse state commettendo questo errore stupido

Se vi ritrovate a...	Perché credete che...	1. Forzate l'intimità	2. Volete che vi legga nel pensiero	3. Fate la martire	4. Pensate di avere sempre ragione	5. Volete salvare il partner	6. Date per scontato il partner	7. Lasciate spegnere la vostra passione
investire nella relazione più di quanto ne ricaviate	più date al partner, più lui vi amerà	✗		✗		✗		
dargli la colpa della vostra infelicità	sareste felici se solo lui cambiasse	✗	✗	✗	✗	✗		
tentare costantemente di aiutare il partner	lui abbia bisogno del vostro sostegno, e che per questo vi amerà di più	✗		✗	✗	✗	✗	
trattarlo come un semplice compagno di stanza	il sesso e la passione diminuiscano naturalmente nel tempo						✗	✗
avere paura di affrontarlo	lui sia migliore e più intelligente di voi, e che quindi vincerà sempre	✗	✗	✗			✗	
essere sempre attratta da uomini spiantati	siete più forte di loro e che hanno bisogno del vostro aiuto				✗	✗		
soffrire continuamente perché lui non riesce a soddisfare i vostri bisogni	se vi amasse, saprebbe ciò che desiderate, non dovrebbe essere necessario spiegarglielo	✗	✗	✗		✗		
trattare il partner in modo irrispettoso	sia debole				✗	✗	✗	

Come si arriva ai sette errori più stupidi

Molte sono le ragioni che ci portano a commettere errori nel rapporto di coppia: una è abbracciare false convinzioni che non fanno al caso nostro; un'altra è che il bisogno d'amore, d'approvazione e d'accettazione annebbia la razionalità. Una miriade di altri motivi prolifera nel terreno trascurato delle questioni irrisolte: l'esigenza di proteggere il nostro Io, il timore del conflitto, l'uso di vecchi meccanismi difensivi, il desiderio di nuove sfide e il bisogno di vincere.

Di solito tentiamo di imporre l'intimità perché abbiamo bisogno di amore e approvazione in risposta alle passate carenze affettive. Quando ci aspettiamo che l'altro ci legga nel pensiero, spesso siamo mosse da cattive abitudini e da false convinzioni sull'amore. Nel momento in cui ci atteggiamo a martiri, spesso ricalchiamo i comportamenti che abbiamo osservato in nostra madre o in altre donne. Se partiamo dal presupposto di avere sempre ragione, significa che proteggiamo il nostro Io, un atteggiamento che potremmo avere appreso dal padre. Quando andiamo in soccorso del partner, spesso siamo in cerca di affetto e conferme, oppure mettiamo in atto un comportamento che potremmo avere introiettato prendendoci cura di un parente o di un fratello bisognoso. Nel caso in cui diamo il nostro compagno per scontato, lo facciamo perché abbiamo imparato che, quando qualcuno ci ama, rimarrà accanto a noi anche se non ricaverà nulla dalla relazione. Se spezziamo il legame sessuale, spesso è perché stiamo cercando amore e approvazione al di fuori della relazione, e probabilmente ci comportiamo in tal modo per via della nostra scarsa capacità di comunicare (come del resto quella del partner).

Prima o poi, la maggior parte di noi si comporta così, ma dobbiamo identificare ed eliminare le convinzioni che accompagnano questi comportamenti, perché in genere sono responsabili degli errori. Ovviamente non possiamo cambiare il passato, ma possiamo imparare a individuare la vera causa delle ricorrenti difficoltà di relazione, il motivo per cui ci ritroviamo sempre con lo stesso tipo di compagno e commettiamo invariabilmente gli stessi errori; possiamo imparare a decifrare il codice che maschera le ragioni dei nostri atteggiamenti, spezzando il circolo vizioso.

Oggi le relazioni sono diverse

Senza dubbio le relazioni odierne differiscono da quelle del passato. Rispetto alle nostre madri, o persino alle nostre sorelle maggiori, noi ci aspettiamo sicuramente di più dal rapporto di coppia, dal compagno e da noi stesse. Allo stesso tempo, ci è richiesto un contributo maggiore. Prendete per esempio Patty: si destreggia tra carriera, marito e due bimbe. Quando torna a casa vuole sostegno e affetto dal marito, ma entrambi si sono allontanati di molto dai loro compiti tradizionali e la loro vita non sarebbe stata funzionale, per non dire soddisfacente, se non lo avessero fatto.

Molte di noi traggono un senso di gratificazione personale dal vincere le sfide imposte dalle diverse funzioni. Onestamente, dobbiamo però ammettere che fare felici il partner, i figli, i clienti, il capo e la famiglia allargata comporta equilibrismi non indifferenti. In un mondo ideale avremmo tutto il tempo necessario per essere madri perfette, stimate professioniste e mogli adorabili. Ma non è così; siamo sempre a corto di tempo, sia che ci serva qualche ora per l'appuntamento romantico sempre rimandato, sia che necessitiamo di qualche anno per ripristinare l'orologio biologico. Di ora in ora, e persino di minuto in minuto, cambiamo marcia emotiva, passando da capo in ufficio, a custode della quiete domestica in cucina, a sirena in camera da letto, per poi ricominciare tutto daccapo.

Anche le nostre aspettative sono cambiate: a differenza delle donne appartenute alle passate generazioni, non misuriamo il nostro valore soltanto in base alla riuscita del matrimonio e al numero dei figli, ma siamo più orientate a desiderare una relazione sana per quello che può offrirci, perché può dare maggiore impulso alla nostra vita e renderci più accessibili altri obiettivi.

Esistono differenze anche tra uomini e donne

Sebbene la maggior parte delle donne non pensi che gli uomini stiano cambiando con sufficiente rapidità, entrambi i sessi si evolvono continuamente in termini di percezione di se stessi e di aspettative. Oggi tanti giovani padri, per fare un esempio, sono molto più legati ai loro figli, mentre altri, in età più matura, creano una seconda famiglia e si danno in tal modo un'altra possibilità di stabilire un'intimità emotiva. Gli uomini stanno inoltre iniziando ad attribuire maggiore importanza al valore e alla qualità delle relazioni. La vita di tutti i giorni rappresenta una sfida per chiunque, e questi signori illuminati sono verosimilmente alla ricerca di rapporti equilibrati con compagne che li facciano sentire amati, accuditi e sostenuti. A differenza della «tranquilla rivoluzione» intrapresa dai nostri compagni, i cambiamenti di cui noi donne abbiamo fatto esperienza sono stati fenomenali ed estremamente visibili in termini di libertà, opportunità e condizione. Nel corso degli ultimi trent'anni ci siamo affrancate dai coniugi dal punto di vista economico, siamo divenute meno disponibili a circoscrivere la nostra esistenza esclusivamente all'interno delle pareti domestiche e meno tolleranti nei confronti delle relazioni negative. Nel contempo, anche noi cerchiamo rapporti di coppia paritari in cui condividere amore e sostegno.

Queste pretese non sembrano eccessive; tuttavia, persino quando entrambi i partner desiderano lo stesso tipo di unione sana ed equilibrata spesso approdano a una delusione. Incolpano se stessi o l'altro quando, di fatto, la responsabilità va attribuita al persistere di convinzioni errate e atteggiamenti antiquati. Se guardate indietro, riuscirete probabilmente a vedere come i vostri gusti, le opinioni e la comprensione delle cose siano mutati e si siano evoluti nel tempo. Ciò nonostante, la maggior parte di noi mantiene inconsciamente le stesse idee sugli uomini e sulla coppia che aveva durante l'adolescenza. I nostri tentativi di dare vita a un nuovo amore fondato sul sostegno e sull'equilibrio seguendo i copioni delle relazioni passate, in cui parità e aiuto reciproco erano concetti sconosciuti, sono destinati all'insuccesso.

Lottiamo per raggiungere la parità, ma riconosciamo anche delle significative differenze tra i due sessi. Non esistono dubbi al riguardo: siamo diversi per molti aspetti importanti; di conseguenza, uomini e donne arrivano raramente a comprendersi. Questo è un tema assai complesso ed esistono eccezioni a ogni regola, ma, parlando in generale, i nostri compagni sono orientati alla soluzione, mentre noi siamo più portate a soffermarci sul processo. Noi tendiamo a definire il successo in termini di salute della nostra relazione; loro, d'altro canto, lo considerano l'unità di misura del controllo che esercitano sugli altri. A noi viene insegnato a collaborare, ad anteporre le esigenze degli altri alle nostre, a loro viene inculcata l'idea di competizione, di collocare al primo posto il proprio interesse. Queste cose non rendono migliori o peggiori, ma semplicemente diversi. Quando non riusciamo a riconoscere e ad accettare le differenze, ci costruiamo aspettative irrealistiche e ci garantiamo una delusione. E di chi è la colpa?

18

Bisogna essere obiettivi anche su alcune delle nostre erronee convinzioni sui due sessi. Gli uomini sono davvero più forti? I suicidi maschili sono tre volte più numerosi di quelli femminili; le cifre riguardo a crimini e arresti sono nel loro caso venticinque volte superiori, e la percentuale dei tossicodipendenti è significativamente più elevata; gli uomini si dimostrano molto più portati ad aggredire o uccidere la partner e i figli. Le donne sono davvero le rappresentanti del sesso debole? Ne dubito molto. La verità è che queste false convinzioni danneggiano tutti; gli stessi stereotipi che ci vorrebbero più deboli, docili o remissive – o per lo meno intente a fingerci tali –, hanno costretto i nostri compagni a svolgere funzioni non adeguate a loro.

Sino a tempi recenti gli uomini sono stati obbligati a soffocare e minimizzare le loro emozioni; ora, quando le esprimono e le confidano, rivelandoci così la loro vulnerabilità, noi reagiamo come se avessero fatto qualcosa di male, come se ci avessero deluse e si fossero dimostrati stupidi. Siamo restie ad ammettere che quando il compagno abbassa la guardia sentiamo minacciata la nostra sicurezza. Sosteniamo che hanno il terrore di togliersi la maschera e mettere a nudo il bambino nascosto dietro la facciata, ma la verità è più complessa: molti di loro hanno imparato per esperienza che una donna non è realmente a suo agio con un compagno che partecipa a tutti i suoi problemi, le sue emozioni, le sue insicurezze e le sue paure. Può darsi che gli uomini temano l'intimità con una donna perché non sopportano di essere sopraffatti dalle proprie emozioni, belle o brutte che siano. Hanno le nostre stesse esigenze, ma paventano le possibili conseguenze della vulnerabilità che devono mostrare per soddisfarle.

Se siamo davvero oneste con noi stesse dobbiamo ammettere che talvolta non siamo corrette, che diciamo di desiderare una cosa quando in realtà ne vogliamo un'altra e, anche se giustifichiamo questi atteggiamenti e li soste-

Le dieci cose che gli uomini vorrebbero far sapere alle donne ma non confesserebbero mai	Le dieci cose che le donne vorrebbero far sapere agli uomini ma non confesserebbero mai
1. Più ti dimostri disponibile nei miei confronti, meno ti desidero.	1. Voglio che tu mi copra di regali, ma se lo fai subito penserò che sei troppo condiscendente
2. Spesso faccio il macho perché mi è sempre stato detto che è ciò che in fondo vuoi.	2. Scelgo uomini che ritengo più forti o migliori di me, poi me la prendo se si comportano male.
3. Le donne energiche mi piacciono davvero, sempre che non usino la loro forza contro di me.	3. Quando riesco ad acquisire potere o a controllare una relazione, probabilmente ne approfitterò come farebbe un uomo.
4. Non ti parlo spesso perché penso che in realtà tu non abbia voglia di ascoltare le mie preoccupazioni.	4. Voglio che tu sia affettuoso ed emotivo, ma mi spavento quando mi parli dei tuoi problemi. Non sono ancora forte quanto te e ho bisogno di sapere che posso fare affidamento sulla tua protezione.
5. Temo le relazioni profonde è intense perché ho paura di permetterti di manipolarmi e di minacciare la mia virilità.	5. Talvolta so di comportarmi come una ragazzina viziata, ma non lo ammetterei mai.
6. Quando mi prendo cura di te mi sento forte, ma non rispetto una donna che non sa o non vuole prendersi cura di sé.	6. Voglio che tu sia premuroso con me, ma non voglio che eserciti un controllo che ti porrebbe al di sopra di me.
7. Se ti lascio fare a modo tuo, a volte in seguito te la faccio pagare.	7. Vorrei che tu mi tenessi testa invece di blandirmi.
8. Anche se dico che sei troppo emotiva, quando siamo insieme le tue emozioni mi fanno sentire vivo.	8. Mi piace che tu sia emotivamente aperto, ma quando non lo sei ti scuso, penso che sia normale e poi me ne lamento.
9. Se ci metto poco a dirti che ti amo, probabilmente sarò altrettanto rapido nel lasciarti.	9. Se non ci metti molto a dirmi che mi ami, è più facile che io inizi a darti per scontato.
10. Anche se faccio il duro, ho bisogno d'amore quanto te, e sono profondamente confuso su come trovarlo.	10. Anche se faccio la dura, ho bisogno d'amore quanto te, e sono profondamente confusa su come trovarlo.

niamo con una logica stringente, nel profondo sappiamo di comportarci come ragazzine viziate o principesse. Il broncio, lo sguardo torvo, il silenzio, il gesto drammatico: spesso sappiamo perfettamente che cosa funzionerà e che cosa no. Certo, potremo credere di avere avuto la meglio nelle nostre scaramucce, ma sono vittorie ingannevoli, che finiscono con l'indebolire o addirittura uccidere la relazione.

Le false convinzioni che mettono a repentaglio l'amore

Anche quando razionalmente sappiamo di desiderare delle relazioni diverse da quella dei genitori, spesso non siamo capaci di concretizzare i nostri propositi perché certe convinzioni sono ben radicate. Per gran parte di noi la casa è stata una vetrina di atteggiamenti e comportamenti stereotipati: papà si prendeva cura delle faccende importanti (cioè, guadagnava del denaro), mentre la mamma rimaneva a casa per occuparsi di noi; lui gestiva i soldi e lei faceva la spesa rispettando il budget stabilito; lui dettava legge e lei minacciava: «Aspetta che torni tuo padre». Non voglio dire che in ogni famiglia le cose funzionino così; magari vostra madre lavorava fuori casa o ha modificato in qualche altro modo la tradizionale mansione della casalinga. Ci sono del resto buone probabilità che fosse lei e non vostro padre ad assumersi le responsabilità di tipo psicologico o emotivo, a risolvere i problemi, a dispensare consigli: in poche parole, a educare. È stata probabilmente lei a insegnarvi, magari senza mai dirlo chiaramente, che c'erano cose – la felicità del marito, la famiglia, il suo matrimonio – più importanti dei suoi bisogni e dei suoi desideri, che sacrificarsi era necessario e addirittura nobile, e che non era opportuno pensare altrimenti.

Spesso queste convinzioni costituiscono le solide basi delle relazioni infelici; aggrapparci a loro può indurci a rafforzare un rapporto sbagliato che sarebbe altrimenti destinato a crollare sotto il suo stesso peso.

In quali delle seguenti affermazioni credete?

- Nella vita bisognerebbe aspettarsi di dare più di quanto si riceve.
- È necessario e ammirevole sacrificarsi per chi si ama.
- Se qualcosa ci fa stare bene, non può essere completamente sbagliato.
- Non bisognerebbe dire cose che feriscono gli altri.
- La collera non è di alcuna utilità ed è meglio non sfogarla.
- Il passato è passato; non c'è nulla che si possa fare riguardo al modo in cui condiziona il nostro presente.
- Punire il compagno per un comportamento sbagliato lo farà cambiare.
- In una relazione il primo obbligo di ognuno è rendere felice l'altro.
- Il vero amore è una sorta di magia e non necessita di grande impegno.
- La giustizia prevarrà; ciò che abbiamo dato ci sarà restituito.
- C'è una differenza tra ciò che è giusto e ciò che è sbagliato, e la maggior parte delle persone la conosce.
- Le coppie innamorate concordano sulla maggior parte delle cose.
- Al mondo esistono individui buoni e individui cattivi.
- L'amore vince tutto.

Probabilmente molte di queste convinzioni vi saranno familiari, e potreste addirittura attribuirvene una, qualcuna, persino tutte. Sono così potenti e pervasive perché ci vengono inculcate sin dalla più tenera età dai genitori, dagli insegnanti, dai capi religiosi e dalla società nel suo insieme. Ci sembrano giuste perché sono ben conosciute, ci attirano perché semplificano questioni complesse e riducono tutto a bianco e nero. Ed è proprio questa la ragione per cui non sono buone regole: ci insegnano a vivere in un mondo perfetto, che non esiste. Talvolta, in preda alla disperazione, ci ritroviamo a struggerci per i cosiddetti bei tempi andati, tempi in cui queste affermazioni, così si dice, erano lo specchio di una realtà migliore, più semplice e basata sui buoni sentimenti. Non credeteci! La vita non è mai stata facile, né mai lo sarà. Provare nostalgia per il passato significa solo idealizzare ciò che è stato, invece di affrontare la realtà. Le convinzioni appena elencate riflettono come vorremmo che le cose fossero, non come sono.

Ciò non significa che quelle idee siano sempre sbagliate. In certi casi è nobile sacrificarsi per chi si ama, a volte la giustizia prevale davvero, e, molto raramente, con una punizione si ottiene il risultato desiderato. Il problema nasce quando applichiamo questi concetti alla nostra realtà e li utilizziamo per prendere delle decisioni, invece di ricorrere al buonsenso, alla consapevolezza emotiva, alla comprensione psicologica. Quando lo facciamo, sostituiamo il reale con il fantastico. Riflettere sui nostri problemi e sulle possibili soluzioni in termini tanto assoluti ci condanna al fallimento; affidarci ciecamente a queste convinzioni ci pone in una situazione di grave svantaggio. È come tentare di giocare a Monopoli con le tessere dello Scarabeo: non potremo mai vincere.

Nuove regole per un nuovo amore

È sbagliato pensare di riuscire a fondare una relazione nuova e sana sulle false convinzioni tradizionali. Siamo in grado di individuare i problemi che hanno afflitto i nostri

I sedici elementi fondamentali
di una relazione sana

1. Consentirsi di essere vulnerabili, ammettere le proprie debolezze, riconoscere e confessare gli errori.
2. Vivere le proprie emozioni e manifestarle in tutte le sfumature, compresa la collera.
3. Provare ed esprimere amore, ammirazione e rispetto per il compagno.
4. Avere molta stima di sé.
5. Comunicare sempre, dal profondo del cuore.
6. Stabilire continuamente legami attraverso il ricordo del passato, la pianificazione del futuro, giocando e divertendosi insieme.
7. Avere rapporti sessuali di grande intensità emotiva.
8. Dimostrarsi disponibili ad affrontare le questioni e a cercare delle soluzioni.
9. Stabilire e rispettare reciprocamente i limiti personali.
10. Assumersi la responsabilità della propria vita e offrire sostegno all'altro.
11. Essere disposti a tentare esperienze nuove, sia con il partner sia senza di lui.
12. Riconoscere i primi segnali di risentimento e parlarne, in modo da riuscire ad affrontare costruttivamente il problema insieme.
13. Vivere in modo da rappresentare una risorsa per il partner, non un peso.
14. Stabilire e mantenere un impegno a lungo termine nei confronti dell'altro.
15. Pensare il meglio e non il peggio del compagno, senza essere ingenue.
16. Ricordare continuamente all'altro il nostro amore.

genitori e quelli di cui noi stessi abbiamo fatto esperienza in passato, ma tendiamo ad attribuirne la responsabilità al comportamento di uno o entrambi i partner. Di fatto, la maggior parte delle difficoltà nei rapporti di coppia deriva dalle credenze su cui sono fondati. Tutti commettiamo degli errori, nessuno è perfetto; le unioni negative strutturate in maniera tradizionale esasperano gli sbagli e lasciano poco spazio al miglioramento o al cambiamento. Dirò di più, vivono di dinamiche sbagliate. Al contrario, una relazione positiva favorisce e sostiene l'espressione, la parità, la giustizia e la considerazione.

Per arrivare ad avere quel rapporto tra eguali che meritiamo, ci serve una nuova gamma di convinzioni e di insegnamenti, adeguata alle questioni che dobbiamo affrontare nel mondo d'oggi, che ci incoraggi a gettare subito le fondamenta di ciò che vogliamo. Fortunatamente si sta affermando una nuova mentalità, più sana e realistica, riguardo alle donne, agli uomini e al rapporto tra i sessi, e la nostra generazione costituisce l'avanguardia di questo mutamento. «E l'altra faccia della medaglia?» potreste chiedervi. Non credo ce ne siano, ma vi dirò che per avere ciò che desiderate e per mantenere vivo l'amore dovrete impegnarvi a fondo e fare un grosso sforzo; tutto dipende dalla vostra volontà. Ma, prima di tracciare il nostro nuovo percorso, torniamo indietro per capire come siamo arrivate sin qui.

2

Perché ci comportiamo in un certo modo nelle relazioni

Il nostro bagaglio emotivo

MI capita continuamente di ascoltare donne che si lamentano delle esperienze precedenti del partner, che ancora condizionano pensieri e sentimenti. «Bagaglio emotivo» è un'espressione, per quanto abusata, che ben descrive un problema molto concreto e comune.

Tutti siamo il prodotto del nostro passato e abbiamo vissuto brutti momenti con ex compagni, genitori, fratelli, amici e colleghi. Se non ci impegniamo ad affrontare certe questioni e ad elaborarle a livello emotivo per lasciarcele alle spalle, alla fine si ripercuoteranno inevitabilmente sui nostri rapporti.

Relazioni squilibrate

Le vecchie difese ci fanno commettere errori

Durante l'infanzia tutte, in un modo o nell'altro, abbiamo sofferto. Dal momento che non eravamo in grado di difenderci – di far valere i nostri diritti, di influenzare le persone e le situazioni che ci ferivano, di scappare, se necessario –, avevamo escogitato altre soluzioni per proteggerci. Ci rinchiudevamo in noi stesse, o piangevamo, o tramavamo la vendetta. Sono comportamenti normali nei bambini, e necessari per un sano sviluppo. Ma quando si raggiunge la tarda adolescenza, bisognerebbe allargare il repertorio emotivo e lasciarsi alle spalle i pianti, il broncio, i musi lunghi, i capricci. Bisognerebbe apprendere altre dinamiche: farsi valere, affrontare i problemi e le persone che ce li causano.

Sfortunatamente, la maggior parte di noi non impara a stabilire dei limiti personali, perché nessuno si è mai preoccupato di dirci che dovremmo farlo, e perché non esistono molti esempi cui fare riferimento. Ci limitiamo a interiorizzare altre convinzioni errate. Ci aspettiamo, per esempio, che gli altri si comportino correttamente con noi di loro iniziativa, grazie al loro buon cuore perché, ovviamente, è giusto farlo. Ma quando non avviene, ci atteggiamo a martiri. Ci rimaniamo male, e ci ritroviamo a scegliere tra le uniche due opzioni che abbiamo imparato a prendere in considerazione: rimanere e sopportare, oppure andarsene.

Non ci hanno spiegato che è possibile rinegoziare i termini di una relazione, o che esistono delle modalità sane per convincere il prossimo a trattarci bene.

Inconsciamente, cerchiamo tutte l'equilibrio. Allo stesso tempo, e senza rendercene nemmeno conto, stabiliamo sempre rapporti poco equilibrati e nocivi. Per semplificare, possiamo immaginare di essere delle contabili, e supporre che ogni nostra relazione sia una sorta di bilancio. In teoria, alla fine dovrebbero quadrare tutti, se i nostri investimenti fossero stati più o meno equivalenti a quelli del partner. Ma ciò accade raramente, e di solito – anche se poche volte ce ne accorgiamo – ci serviamo di un'altra relazione per correggere il disavanzo accumulato in quella precedente.

Ci comportiamo come una ragioniera che, scoprendo un ammanco di centomila lire su un conto, decide di sottrarle da un altro. Questa non è mai una soluzione efficace, perché, tanto per cominciare, i vecchi conti sono ormai estinti. Rifarci con il partner del momento di un danno subito in passato serve solo a deteriorare la nuova relazione.

Un altro espediente per tentare di ristabilire l'equilibrio è tenerci per noi, o centellinare, la fiducia e l'amore – il capitale emotivo – che dovremmo investire. Pensiamo che, se lo risparmiamo, non lo metteremo in pericolo, e in un certo senso abbiamo ragione. Ma, ancora una volta, l'unico risultato che otterremo sarà quello di frodare il partner e noi stessi. In amore, come negli affari, un'impresa priva di capitale è destinata al fallimento.

La legge di compensazione

Le relazioni positive e stabili incoraggiano chi le vive a trovare e mantenere l'equilibrio. Con ciò non intendo affermare che ogni litigio debba finire con una vittoria di entrambi, o che le due parti si debbano incontrare sempre esattamente a metà strada, ma che quando ci si concentra sul rapporto di coppia nella sua globalità, si scopre che mentre ognuno mantiene intatti i propri confini e la propria identità, tra i due si stabilisce un flusso di compromesso, stima e impegno.

Tentiamo di bilanciare gli opposti

Poiché basiamo la maggior parte dei comportamenti che adottiamo sui valori acquisiti durante l'infanzia, le relazioni si conformano inevitabilmente a un modello che prevede il controllo di un individuo sull'altro. Ci sono diversi modi per definire questo rapporto: vittima-dominante, o genitore-figlio, per esempio. Preferisco parlare di dominante e sottomesso; dominante è chi abitualmente prende le decisioni, si assume le responsabilità e stabilisce i termini dell'unione, mentre sottomesso è chi cede tutto il potere al partner.

Ci sono delle varianti, ma in sostanza ogni relazione segue questo schema. L'equilibrio intrinseco al rapporto dominante-sottomesso è alla base di ognuno dei sette errori più stupidi.

Generalmente, non siamo noi a scegliere consciamente la parte che assumiamo; generalmente sembra succedere per caso. Dico «sembra» perché esiste sempre una componente volontaria; se così non fosse, sarebbe impossibile spezzare questi meccanismi. Camille è cresciuta vedendo la madre ferita dal padre e ha pensato: Povera mamma, papà è un bastardo, cominciando a identificarsi con lei. Così facendo, ha inconsciamente scelto la sottomissione. Sua sorella Michelle, d'altro canto, è stata testimone delle stesse interazioni tra i genitori, ma è arrivata a una conclusione diversa: Mamma è debole e papà è forte. Lui non soffre quanto lei. Ha quindi istintivamente optato per il controllo.

Tra i due estremi (padre e Michelle, madre e Camille) si trova una sana via di mezzo. Come potrete osservare nello schema a p. 30, per esempio, è bene desiderare l'intimità, ma il problema scaturisce da come reagiamo a questa esigenza: se il bisogno che avvertiamo ce la fa temere, probabilmente assumeremo il controllo; se ce la fa bramare, saremo sottomessi. Questi comportamenti estremi sono entrambi negativi: la via di mezzo – ricercare la condivisione di spazi fisici ed emotivi, ma stabilire dei limiti (per noi stessi e gli altri) che ci evitino la sensazione di soffocamento – è quella giusta. E voi, quale parte assumete più spesso?

Che tipo di persona siete?

Dominante	Sottomessa	Sana
Finge di essere forte	Crede che gli altri siano più forti	Sa che tutti abbiamo forze e debolezze
Esprime la rabbia, ma evita di mostrarsi vulnerabile e dolce	È troppo vulnerabile ed evita di esprimere nervosismo	Esprime sia la vulnerabilità sia la rabbia
Nasconde agli altri la sua vera identità	Si espone troppo agli altri	Si apre solo quanto il partner
Teme l'intimità, quindi la evita	Brama l'intimità	Desidera l'intimità e la ricerca entro dei limiti
Assume atteggiamenti autoritari; tenta di controllare gli altri	Si sottomette all'autorità; cede il controllo agli altri	Mantiene autorità e controllo sulla propria vita, ma non su quella degli altri
Nega di avere problemi personali	Si sente oppressa da «troppi» problemi	Riconosce e risolve i problemi personali
È emotivamente inibita	È emotivamente iperreattiva	Dà risposte emotive adeguate alle diverse situazioni
Incolpa gli altri dei problemi	Addebita i problemi alla propria inadeguatezza	Ritiene se stessa e gli altri responsabili delle proprie parole e azioni

Dominanti e sottomessi procedono in coppia, e per una buona ragione: gli opposti si attraggono. Non ci si può assumere una delle due parti senza la presenza e la partecipazione del proprio contrario. Spesso ci chiediamo se sia «meglio» essere l'una o l'altra cosa: nessuna delle due. Entrambe portano a commettere errori nella relazione, e impediscono di comprendere pienamente se stesse e la parte giocata in un dato problema. Scegliere una delle due possibilità limita la capacità di miglioramento e alimenta i sensi di colpa e/o il risentimento, che spesso avvelenano l'amore.

La chiave per evitare gli errori è identificare queste dinamiche. Abitualmente diamo per scontato che gli uomini siano dominanti e che, di conseguenza, a noi tocchi sottometterci; in realtà, non solo i due sessi possono interpretare entrambe le parti, ma in molti casi addirittura se le scambiano. Oppure, nel tentativo di abbandonare l'atteggiamento passivo tenuto precedentemente, una donna potrebbe iniziare un nuovo legame imponendo la sua autorità. Una ragazza il cui padre maltrattava la madre sarà più probabilmente portata a scegliere uno dei due modelli che ha avuto. Come Camille e la mamma, potrebbe farsi sottomettere da un partner che ama esercitare il controllo, al contrario di Michelle, che adotterà lo stile paterno. Se ci assestiamo a metà tra i due estremi, allora siamo emotivamente sane, e abbiamo maggiori possibilità di attrarre uomini sani.

Non sempre è facile distinguere chi è dominante e chi sottomesso. Prendiamo Max e Anna, che hanno da poco superato la soglia dei quarant'anni e costituiscono un buon esempio dei casi che seguo. Litigano su molte questioni, e alla fine di ogni discussione si rinfacciano colpe e responsabilità.

Quando inizio una terapia di coppia, parlo separatamente con ciascuno dei due, per capire come la pensano. Il mio compito è quindi quello di aiutare ognuno a riconoscere i propri errori. Ecco un tipico battibecco:

MAX: Mi hai detto che volevi disegnare paesaggi, e così ti ho pagato la scuola. Ma ora hai di nuovo cambiato idea e hai deciso di non lavorare in quel settore. Ho cercato di aiutarti, ma non posso fare tutto io.

ANNA: Non ero poi così portata a quella professione. E tu criticavi i miei disegni... Oltre tutto, perché dovrei lavorare? Tu guadagni abbastanza per entrambi.

MAX: Non stiamo parlando di soldi. E, in ogni caso, io avevo criticato i tuoi lavori per indurti a migliorare. Perché sei così insicura?

ANNA: Tu certo non mi dai una mano! Tenti sempre

di controllarmi, proprio come stai facendo adesso. Non voglio più fare la paesaggista, smetti di tormentarmi!

MAX: Voglio solo che tu faccia qualcosa che ti faccia sentire bene, non importa che cosa.

ANNA: Io sono felice. Chi ha mai detto di essere infelice? Vorrei solo un marito che mi parli e che mi voglia bene.

MAX: Lo sai che ti voglio bene, ma non posso preoccuparmi in continuazione dei tuoi stati d'animo, o assicurarmi di parlare abbastanza con te. Ecco perché mi piacerebbe che tu coltivassi degli interessi, lavoro o passatempo che siano. Vorrei che ti impegnassi in qualcosa.

ANNA: Faccio già un mucchio di cose, o non hai mai notato che c'è qualcuno che fa il bucato e ti prepara la cena? Dedicarmi ad altre cose per conto mio non mi renderà felice. Voglio un marito che desideri fare qualcosa con me, che mi trovi attraente e mi rispetti.

MAX: Tu mi piaci, ma non approvo il modo in cui passi il tempo. Le faccende domestiche non sono importanti; potrei pagare qualcuno che se ne occupi. Vorrei che tu facessi qualcosa di gratificante. Non sopporto più di sentirmi sotto pressione perché pretendi che io sia sempre di buon umore e disponibile a parlarti ogni sera dopo dieci ore di ufficio. Ho bisogno che tu ti tolga un po' di torno!

ANNA: D'accordo, se è questo che vuoi, ti accontento.

Dopo di che, di solito vanno a letto in preda alla collera. In una situazione come questa, chi esercita il controllo e chi è sottomesso? La maggior parte delle donne penserà che Max non riesce a capire Anna, ma tende piuttosto a dirigerla e a dirle che cosa deve fare. D'altro canto, probabilmente molti uomini si identificherebbero con lui, riconoscendo la sua frustrazione in questo scontro senza vincitori: in fondo, è solo un marito che tenta di aiutare la moglie, non di controllarla. Talvolta facciamo fatica a decifrare i comportamenti perché siamo annebbiati da alcuni preconcetti sui due sessi.

Ma osserviamo più da vicino come e perché Max e Anna danneggiano la loro relazione e commettono quasi tutti gli errori trattati in questo libro. Lei, con il suo atteggiamento sottomesso, alimenta i problemi della coppia. Suo marito ha ragione a incolparla di esercitare un'eccessiva pressione su di lui (forzando l'intimità). Non ha torto neppure quando la accusa di non fare nulla per essere felice: Anna ha adottato un atteggiamento passivo e bisognoso, e gli ha detto che l'unico rimedio alla sua insoddisfazione sarebbe la disponibilità a fare ciò che lei desidera; in tal modo lo incolpa indirettamente della propria scontentezza e si atteggia a martire. Le sue costanti recriminazioni e lagnanze fanno sì che il marito non abbia voglia di trascorrere del tempo con lei.

Quando Max evita la moglie, crede che lei sappia perché: si aspetta che gli legga nel pensiero. Anna ha le sue ragioni quando gli rimprovera di non badare alla qualità delle ore passate insieme (di darla per scontata) e di tentare di controllarla (di partire dal presupposto di avere sempre ragione).

Tuttavia, l'errore madornale che Max commette è tentare di risolverle i problemi (andare in suo aiuto), per poi risentirsi se le soluzioni proposte non si rivelano efficaci. Quando lui le si rivolge in tono condiscendente e irrispettoso, si comporta come un genitore con la figlia. Afferma di non avere rispetto del modo in cui lei trascorre il tempo, ma questa è solo parte del problema; più in generale, il suo tono e il suo atteggiamento nella discussione indicano una mancanza di stima. Per quanto creda di agire per il meglio tentando di prendersi cura della moglie, di fatto così facendo la mortifica: è la certezza che lei sia debole a spingerlo a occuparsi di lei. Se pensasse veramente che è un'adulta responsabile, una sua pari, le spiegherebbe, senza proteggerla, come il suo comportamento lo condizioni, e poi la riterrebbe sufficientemente forte da affrontare il problema da sola, e non con la costante supervisione del compagno.

Entrambi non si sentono apprezzati dall'altro: Anna sembra non rendersi conto del valore del denaro e degli sforzi che il partner compie per guadagnarlo, mentre lui non attribuisce il giusto peso ai lavori domestici. Entrambi danno l'altro per scontato.

Per riportare il matrimonio sui giusti binari, marito e moglie devono cambiare. È evidente che i tentativi di soccorso del primo e l'atteggiamento martire dell'altra squilibrano il rapporto e innescano una sorta di circolo vizioso, che può però essere interrotto: quando Anna deciderà di abbandonare la vocazione al martirio e conterà sulle sue forze, si assumerà la responsabilità della propria felicità e stabilirà quali comportamenti del marito (il suo continuo criticarla, evitarla, dirle ciò che dovrebbe fare) non è più disposta a tollerare, lui la sentirà più forte e sarà meno motivato a soccorrerla. E se non l'aiuterà, sarà meno probabile per lui vederla come una persona incapace e inferiore; se non tenterà di renderla felice, avrà meno opportunità di controllarla.

Quando Anna non si sentirà più oppressa, ma rispettata, prenderà coscienza del suo comportamento infantile. Inoltre, assumendosi la responsabilità del proprio benessere, non avrà più l'esigenza di imporre a tutti i costi l'intimità. Max si ritrae in se stesso perché non riesce a tollerare l'atteggiamento passivo della moglie, ma quando questo sarà rimpiazzato dall'indipendenza emotiva e lei sarà più soddisfatta, gli sembrerà più attraente e, dato che lui non dovrà più prendersene cura, la ammirerà e desidererà stare con lei.

Perché commettiamo errori stupidi

Una sofferenza irrisolta ci fa temere l'intimità

Il mondo dei single è popolato di uomini e donne che sono stati talmente feriti nel corso di relazioni passate, da non voler più rischiare di vivere l'intimità con un altro essere umano. Quando si chiede loro se temano i legami profondi, lo negano invariabilmente, e magari faranno notare che si impegnano a fondo nella ricerca di nuove occasioni. Una volta iniziata una storia, tuttavia, urtano contro una parete che non riescono ad abbattere e non stabiliscono una reale vicinanza con l'altro. Spesso persino le persone sposate prendono inconsciamente le distanze dal partner. La difesa di uno spazio privato, frutto di questioni irrisolte, impedisce l'avvicinamento del coniuge. Tuttavia, grazie al matrimonio o a un coinvolgimento dettato dalla passione, dall'incostanza o dalla coercizione, questi individui credono di avere una relazione intima. Spesso rimangono sorpresi scoprendo che l'altro ha stabilito un legame emotivo con qualcuno al di fuori del rapporto di coppia.

Quando temiamo l'intimità, ci mettiamo doppiamente nei guai: la desideriamo disperatamente, e tuttavia la sabotiamo. Tutte abbiamo avuto brutte esperienze, che vanno dall'essere state vittime di maltrattamenti fisici o abusi sessuali, all'essere state oggetto di critiche. Vorremmo credere altrimenti, ma nel profondo elaboriamo questo tipo di morale: stabilire un legame stretto con qualcuno ci causa più sofferenza di quanta valga la pena patire. Per cambiare mentalità, dobbiamo esaminare il nostro vissuto e scoprire come oggi potremmo gestire diversamente le stesse situazioni.

Recitare vecchi copioni ci porta a ripetere le stesse scelte

Spesso nella scelta del compagno ripetiamo gli stessi passi compiuti nel passato, e quasi inevitabilmente ci ritroviamo accanto un uomo del tutto simile a quelli precedenti. Dico quasi inevitabilmente perché molte volte siamo attratte da persone con cui ci sentiamo a nostro agio, ma che ci appaiono sufficientemente straordinarie rispetto ai nostri normali parametri da farci pensare: È così diverso. Come scopriamo quando è ormai troppo tardi, le differenze riscontrate riguardano lo stile, non la sostanza. Il nuovo compagno è forse più raffinato, o più premuroso, più cortese dei precedenti, ma in fin dei conti è ugualmente immaturo, autoritario, prepotente o altrimenti conforme alle caratteristiche che contraddistinguono il nostro modo di metterci in relazione.

Il primo passo per evitare di scegliere lo stesso tipo di partner è comprendere perché continuate a riproporre alcune dinamiche.

La mossa successiva è tentare di capire le ragioni della scelta. Il vostro comportamento è dettato dall'esistenza di questioni irrisolte. Le donne che riescono a superare gli *impasse* del passato non si sentono obbligate a ripercorrerli in seguito; quelle che non ne sono capaci, invece, rimangono intrappolate in uno schema e reinterpretano il copione nella speranza di arrivare al lieto fine, prima o poi. Consciamente potrebbero avvertire che il potenziale nuovo compagno sarà causa di guai, ma inconsciamente lo considerano una possibilità di riscrivere la sceneggiatura. Per ironia della sorte, peggio le relazioni finiscono, più le donne investiranno nella ricerca dello stesso tipo di partner sperando di arrivare alla relazione che spezzerà la modalità e vendicherà sia loro sia le convinzioni che nutrono (tra le quali, quelle secondo cui la giustizia prevarrà, l'amore infine trionferà e così via). Ma gli schemi comportamentali negativi non si abbandonano ripercorrendo lo stesso tipo di relazioni. Solo le persone riescono a modificarli.

Le cose lasciate a metà ci portano a cercare approvazione e rifiuto

Investite maggiore energia nella relazione rispetto al partner? Vi capita spesso di pensare che sia migliore di voi? Vi preoccupate di renderlo felice? Vi sentite attratte da potenziali compagni che vi fanno chiaramente capire di non ricambiarvi? Trovate che le persone cui piacete siano noiose o poco interessanti?

Se avete risposto sì a una qualsiasi di queste domande, con ogni probabilità siete alla ricerca di approvazione. Il nostro naturale bisogno di essere amate e accettate ci porta a dare vita a relazioni e legami. Questa pulsione è di per sé sana; se non la provassimo, non avremmo interazioni sociali significative e non varrebbe la pena di vivere. Il desiderio di essere accettate assume una valenza negativa quando ci porta a comportarci in modo tale da minacciare i nostri interessi, la nostra autostima e le nostre relazioni.

Se continuiamo a cercare l'approvazione nonostante qualcuno ci abbia opposto ripetutamente un diniego, ciò significa che siamo anche a caccia di rifiuti. Sembra dura da digerire, e lo è. Questo comportamento è il motivo più comune per cui commettiamo errori nella relazione, e spesso ci impedisce di correggerli.

Non riusciamo a liberarci di persone che hanno effetti negativi su di noi

Evan, il fidanzato di Barbara, provava una crescente insofferenza nei confronti dell'ex marito di lei, Bob.

Barbara lo aveva lasciato dopo due anni di matrimonio a causa dei suoi continui flirt. Ora, a distanza di cinque anni e a pochi mesi dalle nozze con Evan, lui la chiamava per farsi consolare dalla sua ultima delusione amorosa. Dopo una conversazione telefonica di un'ora Barbara aveva raccontato tutto a Evan, sottolineando quanto si sentisse triste per il suo ex e chiedendosi che cos'altro potesse fare per aiutarlo. Al termine della successiva telefonata, alle tre del mattino, il fidanzato si era finalmente sfogato lamentandosi, e lei si era messa sulle difensive. Ecco il loro litigio:

BARBARA: Tu proprio non vuoi capire. Bob non ha altri amici; nessuno lo capisce come me.

EVAN: Sì, ma il tuo matrimonio è finito cinque anni fa, e lui non è esattamente quel che io definirei un amico. Si fa vivo solo quando ha dei problemi.

BARBARA: Lo so, ma io sono stata fortunata, ho trovato te. Lui, poveretto, non può contare su nessuno. Il fatto che abbiamo divorziato non significa che lo debba cancellare dalla mia vita. Ti credevo più comprensivo.

EVAN: Io? Ma stai scherzando? Questa è la nona o la decima volta in cui succede una cosa del genere, e mi sembra di esserlo stato fin troppo, finora. Ma devo proprio dirti, Barbara, che questa situazione non può andare avanti dopo che ci saremo sposati. Se mi amassi veramente e fossi davvero pronta a impegnarti nel nostro matrimonio, taglieresti i ponti con Bob.

BARBARA: Smettila di essere così geloso! È ridicolo!

Quando Barbara ed Evan vennero da me, lei mi fornì le stesse scuse che aveva dato al fidanzato: Bob aveva davvero «bisogno» di lei. Il suo nuovo partner aveva ragione a metterla di fronte a ciò che gli causava disagio. E, come feci notare alla donna, lei continuava a mantenere un legame con il suo ex non solo perché lui ne aveva la necessità. La verità era un'altra: era lei a voler continuare ad aiutarlo per placare il senso di colpa causatole dall'averlo lasciato. Non c'era da stupirsi del fatto che Evan si chiedesse se lei fosse innamorata dell'altro: Bob riusciva ancora ad attrarre la sua attenzione, e lei continuava a fargli spazio pur vivendo un nuovo rapporto.

Quando proviamo compassione per un ex o ci sentiamo in colpa per il modo in cui ci siamo comportate in una vecchia storia, o continuiamo a cercare l'approvazione di qualcuno dopo che l'unione è finita, stiamo tentando di rimediare a un qualche torto. Sfortunatamente, a fare le spese di tali comportamenti spesso è la relazione in corso. Un esempio di questa sindrome è dato dalla donna che continua a fare la martire invitando a casa sua l'ex marito che la maltrattava, persino dopo avere confessato al nuovo partner che ne ha ancora paura. O, ancora, da Barbara, che chiacchiera regolarmente al telefono con l'ex compagno perché prova dispiacere per lui (e tenta ancora di soccorrerlo), anche in presenza del futuro marito.

Ci diciamo che lo facciamo solo per dimostrarci gentili e comprensive. Può darsi. Ma in realtà la colpa, la collera o altre emozioni vissute fanno sì che cediamo all'abitudine di farci manipolare da persone che appartengono al passato. Questi rapporti devono essere risolti, altrimenti riaffioreranno ogni qualvolta ci si ripresenteranno questioni simili.

Non riconosciamo le vere conseguenze delle nostre convinzioni

Nel capitolo precedente vi ho parlato delle convinzioni che spesso ci portano a commettere degli errori. In genere è facile comprendere perché tali convinzioni sono dan-

Il mito	Il fallimento
L'amore comporta che io rinunci ai miei interessi e amici per i suoi.	Se perderete la vostra identità, lui perderà interesse per voi.
Non dovrei spiegargli ciò che voglio; se mi amasse, lo capirebbe da sé.	Lui probabilmente vi deluderà se non gli direte che cosa provate e volete.
Più riesco a dargli, più lui mi amerà.	Più date senza assicurarvi di ricevere, più lui se ne approfitterà, e alla fine perderà il rispetto che nutriva per voi.
Trattengo la collera per non ferirlo.	Tenervi dentro la rabbia invece di esprimerla quando la provate provocherà esplosioni o risentimenti che distruggeranno la relazione.
Parlo di lui con altri perché non sa affrontare i miei sentimenti, e io ho bisogno di confidarmi con qualcuno.	Parlarne con altri ve lo fa giudicare colpevole, senza nemmeno dargli la possibilità di comprendere i vostri sentimenti e cambiare comportamento.
Se lui cambiasse, io sarei felice.	La vostra felicità dipende solo da voi; se cambierete atteggiamento, dovrà farlo anche lui.
Lui le ha sempre tutte vinte perché è migliore e più intelligente di me; quindi, perché affrontarlo e sfidarlo?	Dal momento che lui adotta un atteggiamento intimidatorio, tirandovi indietro voi gli permettete di vincere.
La vita dovrebbe essere giusta e facile	Nella vita esistono le ingiustizie; dovrete crearvi la vostra giustizia e impegnarvi a ottenere ciò che volete.
Fargli notare i suoi problemi contribuirà a renderlo una persona migliore.	Le critiche danneggiano la stima in se stessi e creano risentimento.
Esiste un modo giusto e un modo sbagliato per fare qualsiasi cosa.	Non esiste un modo giusto in assoluto e, rifiutandovi di riconoscerlo, dimostrate scarso rispetto per l'altro e per le sue convinzioni.
Le punizioni cambiano le persone.	Le punizioni provocano risentimento.
Lui ha bisogno del mio aiuto perché da solo non può farcela, e un giorno apprezzerà ciò che faccio.	Il vostro costante «aiuto» gli dice che non lo ritenete in grado di farcela da solo, il che gli causerà risentimento.
Prima o poi la passione e la tenerezza svaniscono, indipendentemente da quanto si ama una persona.	Passione e tenerezza non si esauriscono spontaneamente; sono uccise dal disinteresse.
Alcune persone sono cattive.	Le persone hanno comportamenti scorretti, che possono essere cambiati.
È meglio mantenere le distanze che litigare.	La distanza crea barriere e problemi. Se irrisolta, avvelena la relazione.

nose per una relazione sana. Le loro reali conseguenze sono invece più difficili da riconoscere. Spesso ci aggrappiamo a certe idee perché abbiamo imparato ad attenderci un certo risultato.

Per esempio, Kate voleva credere che la giustizia alla fine avrebbe prevalso, perciò aveva continuato ad agire di conseguenza, comportandosi bene e facendo sacrifici per gli altri, in particolare per Ray, il suo ragazzo sottoccupato. Dopo sei anni, Kate si presentò al mio studio gravemente depressa perché lui stava per lasciarla. Come lei ha imparato a sue spese, non è vero che la giustizia vince sempre, e noi finiamo con lo sprecare tempo, energia ed emozioni per obiettivi fragili e irrealistici.

Possiamo evitare problemi di questo tipo distruggendo i miti, imparando cioè a riconoscere e poi a ridefinire le convinzioni sbagliate in termini delle loro reali conseguenze. Per esempio, invece di ripetervi la favola: Più riesco a dargli, più lui mi amerà, dovrete ricordare a voi stesse il vero risultato delle vostre azioni, ovvero: Più gli do, meno lui mi rispetterà.

Come smettere di commettere errori stupidi

Identificate e ammettete i vostri errori, e giurate di non ripeterli più

Molti negano il proprio comportamento, al punto da non rendersi conto di dover cambiare. Quando affermiamo che i nostri problemi non sono addebitabili a noi, per certi versi abbiamo ragione, ma passiamo dalla parte del torto se pensiamo che non essere del tutto colpevoli ci solleva dalla responsabilità di fare qualcosa per correggere l'errore. Ogni qualvolta si rinuncia ad assumersi la responsabilità, si getta via il potere di controllare, influenzare e modificare la propria vita. Voi siete la sola costante in ognuna delle relazioni che avrete: tutto e tutti intorno a voi potrebbero avere torto, ma finché non cambierete, nulla muterà.

Separate la vostra identità da quella del partner

Per un po' di tempo è piacevole rimanere aggrappate alla vita del compagno, proprio come era bello, quando eravamo piccole, credere che mamma e papà non potessero mai sbagliare. È difficile staccarsi dagli altri, dal punto di vista psicologico, e se non completiamo la separazione dai genitori e/o da un precedente partner, continuiamo ad avere bisogno del loro amore e della loro approvazione. Tale dipendenza emotiva ci spinge a cercare uomini e relazioni che replichino il modello genitore-figlio, dominante-sottomesso, e non un sano e paritario rapporto uomo-donna.

Per smettere di commettere questi errori, dobbiamo staccarci da coloro che interpretano la parte opposta alla nostra, siano amanti, amici, o i genitori.

La separazione comporta una dose di rabbia sufficiente a impedirci di riassumere la nostra parte; se non porteremo a termine questo compito, continueremo all'infinito a ricercare l'approvazione del nostro referente, o di qualcun altro. Per rivendicare la vostra identità, dovrete avere più fiducia in voi stesse e imparare ad andare controcorrente, a opporvi all'autorità irragionevole e a preoccuparvi meno di ciò che la gente penserà di voi. Invece di accettare sempre ciecamente che gli altri – che siano i genitori, un gruppo religioso, un esperto, chiunque – sappiano meglio di voi ciò che è giusto per voi, dovrete controbattere, ignorare la loro approvazione o disapprovazione e fidarvi di voi stesse.

Ammettete i vostri errori di fronte al partner, e chiedetegli di fare lo stesso

Quando riconoscete i vostri errori con il compagno, vi rendete vulnerabile ai suoi occhi; gli fate sapere che tenete a lui e desiderate che la relazione funzioni. Compiendo questo passo, gli suggerite inoltre che potrà controllare il vostro comportamento negativo per assicurarsi che non dimenticherete gli impegni che vi siete assunte. Per mantenere l'equilibrio, lui dovrà fare la stessa cosa.

Imparate a conoscere voi stesse

Quando saprete chi siete e quali sono i vostri veri sentimenti, avrete meno probabilità di ripetere certi errori. Trascorrete quindi del tempo in solitudine e analizzate i vostri stati d'animo, bisogni e desideri. Ripensate all'infanzia e alle passate relazioni per individuare le questioni e i comportamenti che realmente vi fanno soffrire, e le ragioni per cui siete come siete. Poi, giuratevi di essere sempre voi stesse nei confronti degli altri, e smettete di modificarvi per cercare di essere come pensate che gli altri vi vogliano.

Esprimete sentimenti e desideri

Alla maggior parte di noi è stato insegnato che parlare agli altri dei nostri stati d'animo e di ciò che desideriamo è un atteggiamento egoista. Di conseguenza, abitualmente ci esprimiamo in maniera indiretta e speriamo che i nostri compagni riescano a comprendere che cosa intendiamo in realtà. Dobbiamo imparare a parlare direttamente delle nostre sensazioni e di quello che vogliamo, ricorrendo ai quattro passi verso una comunicazione sana (li troverete alle pp. 82-84).

Lo sviluppo di una relazione intima richiede onestà di sentimenti, che a sua volta comporta l'espressione dell'intera gamma delle vostre emozioni, dalle lacrime alla rabbia, altrimenti il compagno non potrà mai conoscervi davvero.

Stabilite e rispettate i vostri limiti

Probabilmente alcuni comportamenti del partner o di altre persone vi feriscono, e potreste reagire brontolando, o evitando questa gente, o arroccandovi su posizioni difensive. Queste risposte sono controproducenti per due motivi: non risolvono mai il problema di fondo, e spesso contribuiscono a esasperare il risentimento che covate. Dovete stabilire dei limiti e spiegarli chiaramente a chi vi sta accanto. Un limite potrebbe riguardare un ritardo di quindici minuti per la cena da parte del partner, oppure una sua violenza fisica nei vostri confronti. Non è importante il fatto in sé, ma dichiarare la vostra posizione e, se e quando non sarà rispettata, operare le scelte del caso, anche se vi possono sembrare ininfluenti. Ci si approfitta meno di chi stabilisce dei limiti e li fa rispettare.

Risolvete le questioni del passato

Non si può cambiare ciò che è stato, ma si può lavorare sul modo in cui certe faccende ancora si ripercuotono su una nuova relazione. Liberarsi dei fardelli del passato ci conferisce la forza e la fiducia necessarie a prendere in mano le redini della nostra vita e ci aiuta a rafforzare la guardia contro le intrusioni di ex compagni, genitori, fratelli o amici. Per risolvere i problemi potrebbe essere necessario scrivere una lettera, riunirsi con la famiglia, o rivisitare una brutta situazione con il sostegno di uno psicoterapeuta. Nell'ambito della relazione, spesso è opportuno parlare dei risentimenti accumulati e cercare soluzioni per il futuro.

Preparatevi a correre dei rischi

Senza rischiare non si possono cambiare né il proprio comportamento, né la propria vita. Siamo oneste: è difficile rivoluzionare tutto, proprio perché è più comodo ripetere il passato che avventurarsi in un terreno sconosciuto. In realtà, parlare di ripercorrere il passato è improprio: di solito ripetiamo la parte che ci era stata assegnata, o quella che abbiamo assunto nella nostra famiglia e nelle relazioni precedenti. Per esempio Cynthia, una mia cliente, è cresciuta in una casa in cui tutti gridavano; per lei, alzare la voce o sentirsi urlare contro è normale, quindi ha ripetuto questo comportamento nel corso della sua vita, con risultati disastrosi. Paula, invece, è stata educata da genitori che consideravano l'espressione della collera un atteggiamento negativo. Oggi, ogni qualvolta un uomo perde la pazienza riguardo a una qualsiasi cosa, lei ne deduce automaticamente che in lui c'è qualcosa che non va. Allo stesso tempo, si lamenta con tutti dei maltrattamenti che subisce, e tuttavia non fa né dice nulla per cambiare la situazione. Queste donne non hanno compreso che l'educazione ricevuta ha una grande forza. Per cambiare dovranno essere disposte ad assumere atteggiamenti diversi e a tentare nuovi approcci.

Controllate voi stesse, non il partner

In fondo, vorremmo sempre cambiare lui, e pensiamo che saremmo felici se lui facesse questo o quello. Ma se rivoluzionassimo il nostro comportamento, anche lui sarebbe toccato dalle conseguenze del nostro passo. Invece di aspettarsi che George le leggesse nel pensiero, Tina gli ha detto chiaro e tondo di desiderare delle orchidee per il suo compleanno; invece di indurre Nathan a prendersi cura di lei e di sentirsi frustrata e rifiutata a causa del suo disinteresse, Rita ha seguito il mio consiglio: si è tirata indietro, così che è stato lui a darle la caccia. Quando il vostro comportamento è corretto, gli altri hanno solo due possibilità: rispondere in maniera sana, o evitarvi.

Costruite l'intimità

Dedicate del tempo alla relazione, a parlare, toccarvi, ridere, persino per litigare. La condivisione di stati d'animo, positivi e negativi, rafforza l'intimità. Attraversare insieme i momenti fortunati e i periodi di crisi crea un legame che nessun altro può distruggere. Non lasciate che lavoro, figli, famiglia, amici o questioni irrisolte facciano a pezzi il vostro rapporto di coppia. Abituatevi ad affrontare la realtà in questi termini: «Siamo io e te contro il mondo».

Un ultimo consiglio

Indipendentemente dal motivo che spinge una cliente a mettere piede nel mio studio, la prima domanda che pongo è: «Se avesse una bacchetta magica e potesse rendere la sua vita come la desidera, che cosa chiederebbe?» La risposta che ricevo è quasi sempre del tipo: «Un rapporto di coppia soddisfacente» (subito seguita da «Più soldi»). Purtroppo io non ho la bacchetta magica, ma ho e posso fornirvi gli strumenti che servono a realizzare il vostro sogno. In questo libro ve li darò, insieme con chiare istruzioni per utilizzarli al meglio. Le mie clienti che hanno imparato a evitare i sette errori hanno riferito che i risultati sono talmente meravigliosi da apparire quasi magici, e in un certo senso lo sono. Questo incantesimo è però basato sulla realtà, il suo potere deriva dalla verità, non da segreti o illusioni, e richiede la vostra totale attenzione e partecipazione. Sta a voi cambiare voi stesse e trasformare la relazione in ciò che desiderate sia: sta a voi creare la vostra magia.

PARTE SECONDA

Come evitare i sette errori più stupidi

3

Errore numero uno: forzare l'intimità

ANNI fa, ho attraversato un periodo in cui temevo l'intimità con l'altro sesso. Paradossalmente, più tenevo le distanze tra me e gli uomini che conoscevo, più cresceva la mia fame di vicinanza. Quando incontravo qualcuno che mi piaceva davvero, uno dei due, di solito io, costringeva l'altro a situazioni sempre più intime. Lo schema tipico prevedeva fare a meno degli altri e degli interessi personali per trascorrere insieme più tempo possibile, fare sesso sin dall'inizio, e idealizzare l'altro al punto da convincersi di avere trovato la «persona giusta». Ovviamente, nessuno dei due era realmente innamorato; per essere onesti, credevamo di esserlo perché la relazione era intensa ed eccitante e, lo ammetto, adoravo quel tipo di situazione. Quando le cose si sgonfiavano, come accadeva invariabilmente, non ne comprendevo mai la ragione perché non riuscivo a capire l'errore che avevo commesso. Però mi rendevo conto che a questo tipo di rapporti «mordi e fuggi» non era concesso il tempo di svilupparsi ed evolversi, quindi sapevo che doveva esserci una via migliore. Fantasticavo molto sulla relazione perfetta. Lui e io ci saremmo incontrati al lavoro e ci saremmo scambiati un saluto, poi avremmo chiacchierato alla macchinetta del caffè e, alcuni giorni o settimane più tardi, lui avrebbe proposto: «Uno di questi giorni andiamo a pranzo insieme?» Nei mesi successivi avremmo parlato incrociandoci nei corridoi, saremmo usciti a mangiare durante la pausa pranzo, e magari avremmo stretto amicizia e parlato di amore, vita, lavoro, relazioni, filosofia, sport, passatempi. Poi ci sarebbe stato il primo appuntamento: una passeggiata il sabato pomeriggio o una cena fuori, sul presto, preferibilmente in un'occasione in cui uno di noi avrebbe avuto subito dopo un altro impegno. Ci saremmo avvicinati l'uno all'altra gradualmente, con un primo bacio, un lungo abbraccio e, solo in seguito, una notte speciale. E così sarebbe iniziata una lunga relazione monogama, che non avremmo mai potuto definire affrettata o forzata, e nell'ambito della quale ciascuno di noi avrebbe preso le proprie decisioni senza subire alcun tipo di pressione.

Credevo che questo tipo di scenario fosse una fantasia, ma poi la psicologia e le persone mi hanno insegnato che per le coppie solide e felici questo non è un sogno. È così che inizia la loro storia. Tuttavia, capirlo non mi ha impedito di continuare a lanciarmi nell'intimità fondata su un'infatuazione selvaggia ed eccitante, che io scambiavo per amore.

Perché l'intimità emotiva è tanto importante

L'intimità emotiva è il fulcro di una buona, sana relazione a lungo termine; è l'elemento di cui un sentimento profondo non può fare a meno. Si sviluppa con il tempo, e sebbene ogni coppia abbia i propri ritmi, il vero amore non sboccia mai dalla sera alla mattina. Quando si parla di intimità, per lo più si pensa al sesso, ma c'è ben altro: è anche l'espressione degli stati d'animo, la rivelazione e il rispetto dei punti di forza e di debolezza nostri e di quelli del partner. È una sorta di rifugio emotivo in cui possiamo essere

50

aperte e vulnerabili, sentirci al sicuro e mostrarci per quello che siamo. All'interno di questi confini scorre la linfa vitale dell'amore, vale a dire la comunicazione onesta.

Forzare l'intimità ci svia dall'obiettivo di costruire un vero legame perché ci induce a credere di averlo già creato. È interessante notare che a molte persone i segnali indicatori di questa dinamica (andare in cerca di approvazione e dare la caccia a potenziali compagni, fantasticare sul futuro con loro, fare sesso fin dall'inizio, e rinunciare alla nostra identità) appaiono normali, persino romantici. Le passioni infuocate che ci consumano nel corpo e nella mente, l'inseguimento e la cattura di colui senza il quale poi non possiamo più vivere, l'irresistibile alchimia che ci fa finire a letto con lui fin dal primo appuntamento, è roba da best-seller, da film di terz'ordine e da interminabili sceneggiati televisivi. Nella realtà, tutto ciò si traduce in sogni infranti, solitudine e depressione. Perché? Perché forzare l'intimità non conduce mai alla relazione sana che tanto desideriamo.

Pensate alle coppie felici che conoscete, e a come si sono incontrate. C'è una spiegazione assolutamente plausibile del perché tanti si sono innamorati a scuola o in ufficio, così come del perché alcuni uomini, che pure sbagliano, si innamorano della moglie del loro migliore amico. Il sentimento più forte si sviluppa gradualmente, a mano a mano che conosciamo qualcuno. Ciò non significa che sia impossibile incontrare un uomo che, per motivi suoi, risponde positivamente a una prematura condivisione degli spazi, ma si tratta di un'eventualità rara, e difficilmente in seguito ne scaturirà una buona unione.

Perché bruciare le tappe è un errore

Nel momento in cui si crea una vera intimità, un uomo e una donna si avvicinano l'uno all'altra con tempi più o meno simili, senza che nessuno dei due si senta costretto o sotto pressione. Di contro, una situazione imposta è innaturale e scomoda per il potenziale partner. Prima o poi, lui si tirerà indietro, e quello sarà il segnale che attendevate per tentare ancora più caparbiamente di conquistare il suo cuore. Questo comportamento è negativo e autodistruttivo, perché vi rende dipendenti dalla sua approvazione: finché bramerete il suo amore, lui manterrà il controllo. Inoltre, così facendo minacciate i confini personali di quello che vorreste eleggere a vostro compagno, ed è naturale che lui si spaventi e reagisca ritraendosi o rifiutandovi. Sia che stiate tentando di iniziare una relazione, sia che ne viviate una in cui le vostre necessità non vengono soddisfatte, cercare di imporre l'intimità è sempre uno sbaglio. Non solo non vi porterà al risultato sperato, ma allontanerà sempre più il vostro amato.

Perché forziamo l'intimità

Non abbiamo superato precedenti abbandoni o rifiuti

Lisa, una fisioterapista ventinovenne, non aveva mai avuto una relazione in cui non fosse stata lei, all'inizio, a bruciare le tappe. Quando venne da me si era separata dal secondo marito, Tony, e desiderava disperatamente comprendere che cosa continuasse ad andare per il verso sbagliato. Nel suo caso fu facile identificare la causa: Lisa era figlia unica, la «principessina» del padre, con il quale aveva sviluppato un legame molto forte, dal momento che la madre era sempre stata troppo presa dalla carriera di attrice. Quando aveva quattordici anni, i suoi genitori avevano divorziato, e due anni dopo lui si era risposato.

Da quel momento Lisa, fino ad allora studentessa modello, aveva concentrato tutta la sua attenzione sui ragazzi, frequentandone a dozzine, senza mai capire perché loro la lasciassero non appena se l'erano portata a letto. Solo Roger, che l'aveva sposata subito dopo il diploma di scuola media superiore, le aveva dimostrato sincero affetto ma poi, dopo due anni, le aveva chiesto il divorzio perché si era stancato di doverle rimanere costantemente al fianco. Poi lei aveva incontrato Tony, e si era convinta che tutto sarebbe stato diverso, ma, dopo un anno, anche lui era sul punto di andarsene. Durante una seduta di terapia, l'uomo lamentò di essere stufo di sentirsi responsabile della felicità della moglie, e di sentirsi ripetere quanto fosse eccezionale suo suocero. Quel giorno, si sentì in dovere di rammentarle diverse volte che lei non vedeva suo padre da oltre un anno, e che lui non aveva neppure trovato il tempo di partecipare al loro matrimonio. Agli occhi di Lisa, in ogni caso, il papà rimaneva perfetto.

Quando commettete l'errore di imporre l'intimità, quasi sempre ciò si verifica perché, come Lisa, avete bisogno dell'amore e dell'approvazione che vi sono stati negati durante l'infanzia. Spesso le donne che reiterano questo comportamento sono a caccia dell'affetto di un padre emotivamente assente, e lo cercano negli uomini con cui escono, ma potrebbero essere alla ricerca di quello della madre, dei fratelli o di un ex partner. È difficile uscire da questa dinamica se non si risolvono prima i rapporti con la persona da cui ci si sente rifiutate.

Abbiamo paura di stare sole

Siamo state educate a credere che ogni essere umano dovrebbe far parte di una coppia e quindi, se rimaniamo sole, ne deduciamo che qualcosa in noi non va. Siamo talmente prese dal concetto di rapporto a due inteso come situazione idilliaca che, quando ci ritroviamo tra una relazione e l'altra, supponiamo debba esserci una ragione alla base della nostra felicità negata. Siamo antipatiche? Non meritiamo l'amore? Siamo cattive? Data l'immagine che abbiamo della solitudine, non c'è da stupirsi che alcune di noi siano disposte a tutto per evitarla.

Vogliamo l'intimità, ma la temiamo

Le persone davvero terrorizzate dall'idea dell'intimità e dell'impegno sentimentale sono solitamente anche quelle che fanno di tutto per imporli. Può sembrare illogico, ma se si prendono in esame le motivazioni di questo comportamento, se ne comprende il senso. Dal momento che gli individui portati a bruciare le tappe di rado hanno relazioni a lungo termine, sono costantemente alla ricerca di intimità. Questo è il motivo per cui, specialmente gli uomini, optano per rapporti sessuali prematuri e in un primo momento trascorrono un'enorme quantità di tempo con l'oggetto del loro desiderio. Ma, una volta provata la sensazione di intensa vicinanza, si voltano dall'altra parte, si sentono soffocare e si dileguano. Dopo un po' incontrano un'altra anima gemella e ripetono lo stesso schema, imponendo l'intimità per poi sfuggirla.

Le relazioni affrettate sono fondate sulla finzione, non su una vera vicinanza emotiva. All'inizio di una storia, tutte cerchiamo di comportarci in maniera ineccepibile e di mostrare la parte migliore di noi. Prima o poi, però, la realtà si fa strada. Se ci capita frequentemente di imporre l'intimità forse, di fatto, la temiamo. È come se dicessimo a noi stesse: «Prima raggiungo il mio obiettivo – relazione, impegno, matrimonio, figlio – meno occasioni lui avrà di conoscermi davvero per ciò che sono». È interessante notare che chi è intimorita da una reale condivisione, spesso attrae inconsapevolmente individui con la medesima difficoltà, così che il ciclo ricomincia.

Vogliamo la fiaba

L'impulso ad amare e a essere amate, a legarsi profondamente a un altro è una delle nostre fantasie, e può prendere il sopravvento sulla realtà. Non è negativa in se stessa; il problema sta in ciò che facciamo per realizzarla. Quando ci lanciamo alla frenetica ricerca di un rapporto occasionale invece di affrontare il lavoro necessario alla costruzione di una relazione profonda e stabile, è come se mangiassimo una fetta di torta invece di una bistecca: il dessert è più stuzzicante, ma alla fine ci lascia un senso di insoddisfazione. Buttarsi precipitosamente in un rapporto, fare sesso fin dai primi incontri, rinunciare alla propria identità per il partner, sono modi per mantenere viva la fantasia. Facendo tutto troppo in fretta, ci neghiamo il tempo di riflettere sulla persona da cui ci siamo lasciate coinvolgere, sulla sua reale personalità, su un eventuale futuro insieme, sui nostri veri sentimenti. Quando questa giostra di eventi rallenta la corsa (prima o poi puntualmente avviene) e riusciamo a dare uno sguardo attento al luna-park, improvvisamente tutto ci appare diverso, non colorato, brillante, o concreto come ci appariva. In realtà, nulla e nessuno è cambiato, abbiamo semplicemente cominciato a vedere le cose come sono davvero.

La prima telefonata, il primo appuntamento, il primo ballo, il primo bacio, la prima notte creano un'aura di mistero, eccitazione e piacere. Ogni «novità» è un passo verso un mondo sconosciuto, un'esperienza emotivamente intensa, un flusso di adrenalina che lascia uno strascico anche quando non ci ricordiamo quasi più del partner. Se questi eventi si verificano in rapida successione, sono anche più intriganti, e a questo «effetto collaterale» molte persone non sanno resistere. Ma alle vertiginose ascese seguono poi le discese, che toccheranno invariabilmente anche a noi.

Ciò è vero soprattutto quando cediamo prematuramente all'esperienza sessuale. Nell'intimità del sesso ci sentiamo amate, apprezzate, preziose e desiderate. Non dobbiamo stupirci se commettiamo l'errore di credere di avere trovato il grande amore, quando invece dovremmo dirci: «È solo sesso». Il sesso è un'esperienza di grande intensità fisica, però, con un compagno di cui si conosce a malapena il nome, è limitata a quello e non può evolversi altrimenti. Se tenessimo presente che la focosità del nostro amante dipende più dal suo bisogno di essere amato che da qualunque sentimento lui dichiari di provare, sarebbe più facile evitare di sopravvalutare gli incontri occasionali.

Come imponiamo l'intimità e come possiamo smettere di farlo

Imparate a riconoscere i modi in cui forzate l'intimità o permettete agli altri di farlo, poi impegnatevi a cambiare questi comportamenti distruttivi e sempre perdenti. Il segreto sta nell'identificarli ed evitarli.

Cerchiamo l'approvazione

Ogni qualvolta nella relazione investite più tempo e impegno del partner, è come se gli diceste che non siete pari a lui o che non lo meritate, che il suo scarso coinvolgimento e il non ricambiarvi sono accettabili, che tollererete all'infinito le sue negligenze e, forse, persino gli abusi.

Come arriviamo a questo punto? Fin dall'infanzia siamo naturalmente portate a cercare l'approvazione degli altri.

Quando ci è negata dai genitori e, in seguito, da altre persone che avevano una funzione importante nella nostra vita, pensiamo che ciò dipenda dalla nostra inadeguatezza o dal nostro scarso valore, e facciamo di tutto per provare loro che hanno torto. Per questo motivo, quando qualcuno che abbiamo appena conosciuto ci rifiuta o si allontana da noi, ci sentiamo istintivamente obbligate a fargli cambiare idea, a dimostrargli che sbaglia e che siamo abbastanza in gamba da meritarci la sua stima. Se chi prende le distanze è l'uomo che amiamo o che consideriamo un potenziale compagno, l'impulso diviene più forte, addirittura irresistibile. Spesso parliamo di come gli altri inneschino le nostre reazioni, ma di solito questa «risposta al rifiuto» è riconducibile al passato e scatena una collera e una sofferenza incontrollabili, che crediamo possano essere alleviate solo dall'accettazione, faticosamente conquistata, da parte di chi in quel momento ci respinge. Per quanto sembri assurdo, più ci farà capire che i nostri sforzi sono vani, più noi ci ostineremo a provargli il contrario. Che ci piaccia o no, tra noi e chi ci ignora, ci rifiuta o ci considera una nullità si stabilisce un legame, e, invece di scostarci da lui, siamo risucchiate da un'attrazione che scambiamo per amore.

COME SMETTERE DI CERCARE L'APPROVAZIONE: RICAMBIATE IL SUO RIFIUTO

Quando volete il consenso dell'altro, vi sottomettete e gli conferite il potere di controllarvi; inoltre, il vostro comportamento autodistruttivo lo porterà quasi certamente a reagire nei vostri confronti con una serie di rifiuti. Per riacquistare autorità nella relazione dovrete invertire le parti; in altre parole, esaminare i comportamenti che vi hanno portata a forzare l'intimità, e risolvervi a intraprendere il cammino opposto, nella speranza di indurre il partner a desiderarvi.

È difficile modificare il nostro atteggiamento quando

siamo convinte di essere nel giusto, ammettere di correre dietro all'attenzione, all'affetto e all'impegno di qualcuno che non è altrettanto interessato alla relazione, o il cui obiettivo è proprio quel rapporto sbilanciato che gli consente di fare i suoi comodi. Se, quando tentiamo di invertire la tendenza, l'amore finisce, potremo andarcene certe del fatto che il problema era suo, non nostro.

Talvolta le donne trovano difficile opporre resistenza o rifiuti all'uomo che amano, perché temono di perderlo, di apparire meno affettuose, di essere cattive. Alcune delle mie clienti insistono nel considerare questa soluzione come uno stratagemma, e preferiscono evitarla. Chiamatela come volete; ciò che conta è che funziona. Se vi sentite a disagio a comportarvi così, ammettetelo, ma ricordate che non fermerete la fuga dall'intimità del partner finché non catturerete la sua attenzione e non lo spingerete a interessarsi a voi. Per farlo, dovrete costringerlo a darvi la caccia.

Se avete imposto l'intimità...	Potrete mutare il suo atteggiamento di rifiuto se...
telefonandogli in continuazione, anche se lui non vi richiama	non lo chiamerete finché non sarà lui a farlo, e poi aspetterete qualche giorno prima di ritelefonargli
facendogli regali che non apprezza, o che non ricambia	smetterete di inviargli biglietti, lettere o doni, e di ringraziarlo per i suoi
sentendovi obbligate a vederlo e a chiamarlo tutti i giorni	vi farete assorbire da altri interessi e altre persone, ignorandolo
parlando di lui con amici comuni	vi dimostrerete piuttosto disinteressate a ciò che i suoi amici dicono di lui
accusandolo di ignorarvi se non è costantemente disponibile	vi assicurerete di dedicargli meno tempo di quanto faccia lui
sentendo, quando siete insieme, di essere l'ultima cosa che gli passa per la testa	deciderete di trascorrere con lui solo momenti speciali e di lasciarlo solo quando non vi presta attenzione
trovando delle attenuanti al comportamento negativo che ha nei vostri confronti	gli attribuirete le responsabilità che ha e gli direte chiaramente perché non volete stare con lui

Nessuno è perfetto, lo sappiamo di noi stesse e generalmente lo crediamo anche degli altri. Talvolta, tuttavia, ci capita di innamorarci di un uomo per l'immagine che offre di sé, e in seguito lo accusiamo di non essere come ci era sembrato.

Daria era stata la compagna di Leo per circa un anno; poi, improvvisamente, il loro amore era finito. Venne nel mio studio confusa e smarrita, per capire che cosa fosse successo.

I due si erano incontrati su uno yacht, in occasione del matrimonio di un comune amico e, a prima vista, lui era tutto ciò che una ragazza di venticinque anni può desiderare: bello, brillante e maturo. A quarantacinque anni, Leo stava per divorziare dalla moglie, o almeno così le aveva detto. Agli occhi di Daria, che aveva abbandonato l'università per tentare la carriera di attrice, lui era mondano e raffinato, proprio come piaceva a lei. Quando, pochi mesi dopo, le aveva chiesto di trasferirsi da lui, non se l'era fatto ripetere due volte. In teatro non aveva futuro, ed era stanca di lavorare come segretaria part-time.

All'inizio, vivere con Leo era stato eccitante. Andavano alle inaugurazioni delle mostre, uscivano con gli scrittori e gli artisti amici di lui, trascorrevano i fine settimana curiosando nei negozietti di antiquariato, ascoltando musica jazz e guardando film stranieri. Leo non accennava mai alla sua futura ex moglie e ai figli, e Daria non gli chiedeva niente, spiegando alle sue amiche quale sollievo fosse non dover sentire un uomo parlare del suo matrimonio fallito o del dolore che aveva provato. Lui non le chiedeva altro che essere al suo fianco quando uscivano, e lei era ben felice di accontentarlo. Di tanto in tanto diceva di essere troppo impegnato con il lavoro per andare con lei, e la incoraggiava a passare tre o quattro giorni da sola in località esclusive fuori città, pagando sempre lui. Il mese prima aveva regalato a lei e a sua sorella una settimana di vacanza al mare.

Ovviamente, a volte Daria si era chiesta quale fosse esattamente la professione del partner, come mai sembrasse lavorare solo poche ore al giorno e conoscere tutti senza mai ricevere telefonate.

Per tutta la durata della loro relazione, i due non erano mai usciti in compagnia di un'altra coppia, né avevano avuto ospiti a casa.

Quando lei gli aveva chiesto di poter invitare la sorella e la madre per festeggiare il suo compleanno, lui l'aveva dissuasa dicendole che voleva farle trascorrere una «giornata speciale». Certa che le avrebbe chiesto di sposarla, Daria aveva sistemato le cose organizzando un pranzo con la sua famiglia il giorno precedente.

Quando era arrivata la fatidica sera, non stava più in sé dall'agitazione. Mentre lo aspettava, sognava a occhi aperti il matrimonio, i figli che avrebbero avuto... Ma, al suo rientro, lui le aveva chiesto di andarsene, perché sarebbe tornato dalla moglie.

«Non riesco a capacitarmene», continuava a ripetermi Daria. «Sembrava perfetto, e si comportava come se volesse sposarmi.» Di fatto, non sapeva molto di Leo, e le andava benissimo così. Invece di informarsi sulla situazione con la moglie o sulle pratiche del divorzio, aveva dato per scontato che le cose stessero procedendo in quel senso. Quando lui non le aveva parlato della sua professione, dei suoi amici, della sua vita, Daria aveva scelto di credere ciò che più le faceva comodo. Lo aveva totalmente accettato per come le si era presentato. I dubbi da cui in un primo tempo era stata assalita l'avevano spaventata perché minacciavano di danneggiare l'immagine di uomo perfetto che si era creata.

Con il tempo, Daria si rese conto di avere sperato in una proposta di matrimonio solo perché così aveva scelto, proprio come si era convinta che stesse divorziando dalla moglie. Si era innamorata dell'uomo che lui voleva darle a intendere di essere, e del compagno che lei desiderava fosse. In seguito comprese di non averlo conosciuto per nulla, soprattutto perché non aveva voluto distruggere il mondo fantastico che gli aveva costruito intorno.

Tutte noi, sulle prime, presentiamo il nostro lato migliore, accentuiamo i pregi e nascondiamo i difetti, senza con ciò essere disoneste. Quando crediamo ciecamente all'immagine che un altro ci offre al primo incontro, è probabile che in seguito ci sottometteremo a lui. Nel momento in cui ci convinceremo che è perfetto, o più vicino di noi alla perfezione, verosimilmente cercheremo la sua approvazione, e cadremo nell'errore di imporgli l'intimità.

Potrete sottrarvi a questa trappola modificando il modo di pensare a un potenziale compagno. Leggendo i punti che seguono, tenete bene in mente che l'obiettivo non è mettere il partner sotto processo, ma farlo scendere dal piedistallo e ottenere un quadro equilibrato e realistico di ciò che veramente è.

- Come avete presente che cosa vi piace di lui, individuate anche ciò che non sopportate.
- Rendetevi conto che, più tenta di convincervi di essere migliore di voi, meno ci crede lui stesso.
- Rammentatevi sempre i vostri punti di forza e le sue debolezze.
- Scoprite, e non dimenticate mai, le sue insicurezze, le sue paure e i suoi problemi.

Siamo ossessionate dalle speranze
e dai sogni sul futuro

Quando incontrate un possibile compagno, lo soppesa-
te immediatamente per valutare se potrebbe essere il marito che fa per voi? Il ticchettio del vostro orologio biologico è talmente forte da non poter essere ignorato?

Esaminando la vostra vita attuale (il lavoro, gli amici, la
casa) vi ritrovate a pensare a quanto sarà fantastica quando cambierà, cioè quando vi sposerete, avrete dei figli e
così via?

Avere obiettivi e sogni per il futuro è naturale e sano, e
molte di noi desiderano, tra le altre cose, una relazione
duratura e soddisfacente. Queste aspettative divengono un
problema quando tentiamo di obbligare un partner, effet-
tivo o potenziale, ad adeguarsi alle nostre fantasie creden-
dolo migliore di com'è. La convinzione di poter cambiare
un uomo dopo averlo sposato è una variazione sul tema,
così come ignorare deliberatamente i segnali indicatori del
fatto che lui non sia o non voglia essere l'uomo dei nostri
sogni, come nel caso di Daria.

IMPARATE A ESSERE FELICI CON VOI STESSE

Ricordate: non sarete più felici in seno a una relazione
di quanto non lo siate da sole. Dovrete quindi tentare di ritenere il compagno uno dei tanti ingredienti della vostra
vita, e non qualcosa che la sostituisca. Il rapporto di coppia può completare e accrescere il vostro benessere interiore, ma non può far nascere in voi l'autostima e l'appagamento, se non li avevate già in precedenza.

Accettate l'eventualità di non riuscire a trovare la persona giusta, di vivere il vostro futuro come single, affrontate e superate la paura, programmate la vostra esistenza
da sole e immaginatevi felici e soddisfatte senza un part-

ner fisso. Se siete sposate, ritagliatevi un po' di tempo per voi e pensate che stareste bene anche da sole.

Con il sesso, bruciamo le tappe

Innumerevoli volte, nel mio studio, ho sentito le mie clienti lamentarsi: «So di esserci andata a letto troppo presto, ma sembrava giusto così. Non riesco a credere che non mi abbia richiamata». Anche gli uomini spesso commettono questo errore, sebbene reagiscano in maniera opposta. Lei, di solito, sente che si sta innamorando e vuole stargli vicino; lui, d'altro canto, spesso è spaventato dal coinvolgimento emotivo e si sente costretto a prendere le distanze.

Le donne hanno difficoltà a comprendere perché più l'atto sessuale si rivela soddisfacente, più aumentano le probabilità di fuga dell'amato bene. Sembra un controsenso, e non lo si può certo definire un atteggiamento corretto, ma, dopo averlo sentito ripetere migliaia di volte, mi sono convinta: gli uomini hanno davvero una scarsa opinione di una partner sessualmente esperta o troppo facile. Certo, rimangono sconcertati dall'intensità dell'incontro sessuale, dall'intimità istantanea che si viene a creare, ma c'è dell'altro. Proprio come noi sogniamo colui che farà da padre ai nostri bambini, anche i nostri potenziali compagni si costruiscono un'immagine della futura moglie e, cosa ancora più importante, madre dei loro figli.

Anche nella migliore delle ipotesi fare sesso prematuramente rende vulnerabili entrambi i partner: la donna si ritroverà a cercare l'approvazione e a forzare l'intimità, e l'uomo sarà indotto a continuare un rapporto (o a impegnarsi in qualcosa di più profondo) cui potrebbe non essere preparato. In qualsiasi caso, raramente da queste situazioni scaturisce una relazione sana.

Negli ultimi decenni abbiamo compiuto grandi passi

avanti per liberarci dai condizionamenti sul sesso. Questo è indubbiamente positivo, ma c'è anche il rovescio della medaglia: da quando esistono metodi anticoncezionali sicuri, ci viene ripetuto che «tutti lo fanno» e che, se ci comportiamo altrimenti, in noi c'è qualcosa di strano. Così spesso ci ritroviamo a letto con uomini che probabilmente non conosciamo quanto dovremmo. Qualunque sia il valore da noi attribuito all'esperienza sessuale – divertimento, spiritualità, trascendenza –, dobbiamo ammettere che esprimerci e offrirci su questo piano implica il massimo della vulnerabilità. E, anche se diciamo che si tratta «solo di sesso», dentro di noi sappiamo che fare all'amore comporta ben altro e dovrebbe avere un significato diverso rispetto a uscire a cena insieme o passeggiare per la città.

Yvonne, una mia cliente ventitreenne, continuava a vivere situazioni di intimità sessuale con uomini appena conosciuti, nonostante sostenesse di sentirsi «strana». Aveva delle riserve sul suo comportamento e, quando le chiesi perché lo reiterasse ugualmente, mi rispose: «Beh, i ragazzi se l'aspettano. E poi, se qualcuno mi piace, non voglio che pensi che non sono interessata a lui, altrimenti si troverebbe un'altra». Le spiegai che, spesso, coloro che insistono per avere esperienze sessuali all'inizio di una storia in realtà vogliono scoprire se la donna che stanno corteggiando li ritiene attraenti. Le suggerii anche di rispondere, nelle occasioni a venire: «Mi piaci molto, ma non mi sento pronta a bruciare le tappe».

In linea di massima tendiamo a credere che all'intimità emotiva esistente fuori della camera da letto debba corrispondere un'eguale intesa sessuale tra le lenzuola. Quando facciamo l'amore troppo presto, lo squilibrio tra i due elementi crea un disagio e delle pressioni che una relazione appena avviata non riesce a sostenere. Infatti, né noi, né il nuovo partner conosciamo esattamente i sentimenti che proviamo, tuttavia la forza della passione fisica non ci permette di fermarci e valutare la situazione con obiettività. Accade quindi di esagerare con la componente sentimentale, fingendo un trasporto superiore a quello reale, oppure di fare un passo indietro per consentire all'intimità emotiva di crescere fino a equivalere a quella sessuale. Ovviamente, spesso in questo modo l'altro partner si sente rifiutato.

COME INQUADRARE IL SESSO NELLA GIUSTA DIMENSIONE:
INVESTITE GRADUALMENTE NEL RAPPORTO

Non dovrete fare all'amore finché il vostro partner non sarà emotivamente coinvolto nel legame con voi. Vi ho già descritto la mia fantasia riguardo a come sarebbe nata la relazione perfetta.

Dopo anni di comportamenti sbagliati, finalmente ebbi l'opportunità di avvicinarmi a un uomo in maniera diversa, e quella volta funzionò davvero. Tutto cominciò più o meno come me l'ero immaginato, anche se non incontrai Alan sul posto di lavoro, ma in un bar. Ci conoscemmo, poi lui se ne andò. Lo rividi tre mesi più tardi, quando ci incrociammo in un altro locale, e questa volta chiacchierammo: l'attrazione reciproca fu immediata, ma lui era sposato, e quindi nessuno dei due tentò di dare inizio a una storia. Nel periodo che seguì continuammo a vederci per caso, poi lo conobbi un po' meglio grazie a dei comuni amici.

Fu solo dopo otto mesi dal nostro primo incontro, quando Alan mi annunciò che stava per lasciare la moglie, che iniziammo a pensare di metterci insieme. Io chiarii che non sarei stata disponibile all'intimità fisica finché lui non se ne fosse andato di casa e avesse avviato le pratiche per il divorzio. Mantenni quel proposito, per quanto a volte mi risultasse difficile. Per un paio di mesi ci vedemmo solo una volta la settimana, e facemmo all'amore soltanto dopo la richiesta di separazione di Alan, quando lui si trasferì in un appartamento tutto suo. Durante i primi quattro o cinque mesi della nostra relazione continuammo a uscire anche con altri partner. Alla fine, affrontammo l'argomento dell'impegno e della fedeltà. Il resto, a circa nove anni di distanza, è storia.

Ci siamo concessi tutto il tempo necessario per innamorarci l'uno dell'altra; ne è risultato un legame profondo che nessuno può spezzare. I nostri segreti? Non siamo andati a letto bruciando le tappe, e nessuno dei due ha imposto un'intimità forzata. Per imparare a conoscerci abbiamo discusso di un'infinità di questioni e imparato a rispettarci come pari. Alan mi ha apprezzata prima di tutto come amica intelligente e preziosa, e io l'ho stimato in quanto persona affettuosa e attenta. Non che non sentissimo una forte attrazione fisica, c'era eccome! Ma abbiamo tenuto duro, e ora posso dire che ne valeva la pena.

Rinunciamo alla nostra identità per vivere nell'ombra del compagno

Carl venne da me perché Rhonda, la sua ragazza, stava facendo pressioni su di lui per convincerlo alla convivenza. Mi spiegò che pensava di non amarla, ma di non sapere perché; in fin dei conti, lei era il tipo di donna con cui «in teoria» avrebbe voluto vivere e, dal momento che aveva divorziato da poco, apprezzava tutte le attenzioni che lei gli riservava.

Che cosa non andava? Le ragioni possono essere individuate analizzando gli esordi della loro relazione, nove mesi prima. Lei aveva deciso fin dal primo istante che lui fosse l'uomo giusto. Lo aveva visto solo qualche volta, ma già parlava solo di lui e lo pensava continuamente. Aveva dimenticato la famiglia, le amicizie, gli altri interessi e responsabilità, per passare ogni fine settimana con lui. E si assicurava che Carl fosse disponibile programmando le uscite e mantenendo viva la passione.

Dapprima per Carl era stato facile assecondarla, ma quando si rivolse a me era tormentato dai dubbi. Aveva spiegato a Rhonda che non gli sembrava opportuno trasferirsi da lei perché non era sicuro di amarla, e lei era rimasta sconvolta.

«Ma stiamo così bene insieme!» aveva replicato. «Se non mi amavi, perché sei rimasto con me?»

«E perché avrei dovuto lasciarti? Stavo molto bene.»

Nonostante avessero cominciato con il piede sbagliato, i due partner hanno salvato il loro rapporto, ma non è stato facile. Quando Carl aveva ammesso di non essere certo dei suoi sentimenti, non era stato solo evasivo. Dandogli tanto ostinatamente la caccia, lei non gli aveva mai offerto l'opportunità, né gli aveva fatto sentire il bisogno, di andarle incontro a metà strada. Raramente apprezziamo ciò che otteniamo senza sforzo, e lui si era accorto di non avere mai davvero deciso di stare con lei.

Rhonda fu costretta a fare marcia indietro, a smettere di telefonare, di inseguire, di mostrarsi disponibile, e a lasciargli lo spazio per fare la sua parte. Sulle prime era restia ad adottare questa soluzione, e, comprensibilmente, temeva che lui potesse scoprire di non amarla e di lasciarla. Ma sapeva di dover correre quel rischio. Gli disse di volere che le telefonasse più spesso, che si vedessero di più e che lui le dimostrasse di tenere a lei. Lui acconsentì a tentare. Una volta che lei ebbe smesso di stargli con il fiato sul collo, Carl si rese conto di quanto fosse coinvolto. Poiché gli era stata offerta la possibilità di assumersi delle responsabilità nella relazione, presto capì che faceva delle cose per la sua compagna perché lo desiderava, non perché lei gliele aveva chieste. E quando lui ebbe dimostrato la volontà di contribuire attivamente alla loro storia, Rhonda non sentì più l'urgenza di spronarlo a impegnarsi. Eliminate le pressioni, l'amore poté finalmente sbocciare.

Tutto può accadere con una rapidità tale da non consentirvi nemmeno di capire che avete rinunciato alla vostra identità. Lo conoscete un venerdì sera, sabato uscite a cena, domenica andate in barca, mercoledì incontrate i suoi figli e il venerdì successivo andate a una festa. Ogni volta che lui telefona per proporvi qualcosa, voi annullate subito gli impegni già presi, trascurando le amicizie e la famiglia. Quando una cliente mi racconta del suo nuovo rapporto, così frizzante, io di solito la metto in guardia sul rischio di smarrire la sua identità, e lei invariabilmente risponde: «Quale identità? Prima di conoscere quest'uomo odiavo la mia vita, quindi che cosa dovrei perdere?»

Ognuna di noi ha una personalità, un'essenza unicamente sua. È importante ricordare che sono stati proprio il nostro comportamento e la nostra mentalità ad attrarre il compagno. Per esempio, scoprire di avere interessi comuni può far scattare la molla di una relazione, ma esiste un'enorme differenza tra essere due persone con gli stessi gusti e diventare due partner con un'unica identità, di solito quella dell'uomo.

Entrambi i sessi commettono questo errore, ma in genere è la donna a rinunciare agli amici, alla vita sociale e agli svaghi per adeguarsi a quelli del partner. All'inizio non sembra una brutta idea, ma, anche se sosteniamo di avere «scelto» di adattarci, prima o poi arriviamo a considerare questo passo per ciò che è: il sacrificio di noi stesse e l'abbandono delle consuetudini che facevano parte della nostra vita.

Sebbene qualcuna affermi recisamente il contrario, un uomo non può obbligarci a certe rinunce: siamo noi a deciderlo, perché lo vogliamo.

Se seguirete le indicazioni riportate qui sotto, proteggerete al meglio la vostra identità nell'ambito di una relazione:

- Rifiutatevi di modificare alcuni aspetti della vostra personalità per fare piacere al partner. Per esempio, non abituatevi a tollerarne i comportamenti scorretti solo perché lui ritiene che non siano gravi; non cessate di esprimere la vostra opinione unicamente perché, così facendo, lo mettete a disagio.
- Continuate a dedicare del tempo alla vostra famiglia e ai vostri amici.
- Coinvolgetelo nelle occasioni giuste, ma non sentitevi in obbligo di farlo intervenire in tutto ciò che vivete.
- Coltivate i vostri interessi e passatempi al di fuori della relazione. Se ne avete alcuni in comune, benissimo, ma non rinunciate a quelli che non condividete (e non chiedetegli di farlo).
- Non rivelate le vostre esperienze negative (una passata vicenda di maltrattamenti vissuta con un vostro ex, un problema di alcolismo) finché lui non vi abbia confessato alcuni degli aspetti più privati e meno piacevoli della sua vita.

Permettiamo alle personalità dominanti di imporre l'intimità

Anche quando riteniamo di non forzare la condivisione di spazi fisici ed emotivi, potremmo incorrere in questo sbaglio, consentendo all'altro di farlo. Diffidate di chi vuole bruciare le tappe.

Marilena, un'attraente trentacinquenne, si rivolse a me dopo che un'altra delle sue storie sentimentali si era conclusa con un nulla di fatto. Nelle passate esperienze aveva sempre forzato l'intimità con i partner, ma quella volta l'aveva scrupolosamente evitato. Aveva aspettato tre mesi prima di avere rapporti sessuali con Richard, aveva tenuto a bada il suo bisogno di chiamarlo in continuazione (come aveva fatto con gli altri); in altre parole, aveva mantenuto le distanze. Era confusa perché, nonostante i suoi sforzi, la relazione era approdata ugualmente a una conclusione infelice. Perché era accaduto?

Mi spiegò: «Incontrai Richard tramite un'agenzia per cuori solitari. Pensavo che gli uomini che vi si rivolgono fossero alla ricerca di un rapporto stabile. [Per inciso, è una supposizione sbagliata.] Credetti di avere fatto un passo falso quando feci all'amore con lui prima che mi avesse detto di amarmi. Ma quando eravamo insieme tutto sembrava fantastico, e io ero certa che fosse l'uomo giusto. Aveva la mia stessa età, era attraente, ricco e possedeva una casa in un quartiere elegante, in cui praticamente mi trasferii. Gradualmente, però, iniziò a fare piccole critiche su di me e sul mio comportamento. Tentava di controllarmi, per esempio dicendomi che non avrei dovuto bere un altro drink, o chiedendomi perché facevo certe cose in un dato modo. Io lo ascoltavo e pensavo che probabilmente aveva ragione. Lo misi su un piedistallo: mi ritenevo molto fortunata perché un uomo così forte e brillante aveva scelto proprio me. In quel periodo mi stavo guardando attorno per acquistare una casa, ma accantonai quel progetto e iniziai a fantasticare di vivere con lui nella sua, enorme e stupenda.

Cercai di essere come lui mi voleva. Lo ammiravo perché era molto sicuro di sé, e aveva idee molto chiare riguardo a ciò che avrebbe tollerato o no da parte degli amici. Infatti non ne aveva, ma pensavo dipendesse dal fatto che era molto esigente in merito, e così mi spiegavo anche perché non aveva mai vissuto una storia lunga e stabile con una donna. A dire il vero, ciò mi faceva sentire [io ero] anche un po' più speciale.

Poi, una sera, a circa tre mesi dall'inizio della nostra relazione, durante una festa, lo vidi flirtare con un'altra. Quando tornammo a casa, lo affrontai. Disse che mi stavo dimostrando possessiva e gelosa, poi mi accusò di essere talmente ubriaca da immaginarmi le cose. Mi sentii in colpa, mi scusai e gli chiesi di perdonarmi. Lui rispose che non sapeva se ci sarebbe riuscito e di avere bisogno di una pausa: mi avrebbe telefonato tre settimane dopo.

In quei giorni mi tormentai perché sentivo di avere rovinato tutto. Quando infine parlammo, mi spiegò che i suoi sentimenti erano cambiati e che preferiva fossimo soltanto amici. Confermò che non mi avrebbe mai perdonata per il mio comportamento, e aggiunse che in ogni caso pensava non fossimo fatti l'uno per l'altra. Io mi sentii distrutta. Gli chiesi che cosa ne fosse stato dei giorni meravigliosi che avevamo trascorso insieme. Lui ammise di essere stato bene con me, ma di non ritenermi la donna giusta. Non riuscivo proprio a capire che cosa fosse successo».

Probabilmente avrete individuato i meccanismi con cui entrambi avevano affrettato l'intimità: le fantasie sul futuro e i rapporti sessuali prematuri (che, sebbene Marilena avesse rimandato rispetto al solito, avevano preceduto l'assunzione di impegno da parte di Richard). Inoltre, lei aveva idealizzato il compagno e aveva rinunciato in gran parte alla sua identità e indipendenza per entrare a far parte della sua vita.

Sebbene avesse evitato alcuni errori commessi in precedenza e, in un primo tempo, fosse stato l'altro a darle la caccia, i risultati si erano rivelati tristemente simili. Marilena si era fatta trascinare nel suo mondo al punto da non accorgersi nemmeno di avere nuovamente smarrito la propria identità. Aveva lasciato che le sue fantasie su di lui l'accecassero.

Per esempio, Richard non aveva metri di giudizio particolarmente severi per misurare le persone, ma era immaturo e critico, cosa che lei scoprì solo quando lui iniziò a biasimare e tentare di controllare anche lei. Loro due avevano trascorso insieme un sacco di tempo, ma nel momento in cui lei si guardò indietro, si rese conto che lui non era mai andato a trovarla a casa sua, non aveva conosciuto i suoi amici, né vissuto con lei delle esperienze emotive. La sua paura di rimanere nuovamente sola l'aveva indotta a trovare delle scusanti a quelle mancanze. In ultimo, la donna riuscì a comprendere che era stato il compagno, la parte debole della relazione, a forzare l'intimità, minando così il sentimento che avevano inizialmente provato.

Smettete di cercare troppa intimità

Imponiamo l'intimità perché non riusciamo ad appagare il bisogno rimasto insoddisfatto durante altre relazioni e in altri aspetti della nostra vita. Quando ci scoraggiamo, ci sentiamo frustrate o depresse, ci ritraiamo in noi stesse. Nel giro di poco tempo non usciamo più con la consueta frequenza, oppure non manteniamo i contatti con gli amici e i famigliari, e ciò peggiora la nostra depressione. Poi, dal momento che non vogliamo far capire agli altri quanto soffriamo, evitiamo coloro che ci vogliono bene e del cui affetto abbiamo più bisogno. Ci sentiamo ancora più sole, affamate d'amore e inclini a imporre l'intimità, o a subire una forzatura in questo senso da parte di un eventuale compagno.

Quando tirarsi indietro

In tutte le relazioni, persino nelle migliori, ci sono momenti in cui è necessario esaminare attentamente il proprio comportamento e fare un passo indietro per ristabilire l'equilibrio all'interno della coppia, vale a dire concentrarsi sulla propria energia, deviandola temporaneamente dall'altro. Non dovete quindi limitarvi a non telefonargli, per

---

Otto suggerimenti per le donne che vogliono una relazione profonda e sicura

1. Non fate sesso troppo presto. Prendetevi tutto il tempo necessario per conoscervi reciprocamente.

2. Ditegli sempre che cosa volete da lui e dalla relazione, e che cosa farete se non l'otterrete.

3. Non dategli il potere di farvi sentire bene con voi stesse. Se lo fate, gli concedete anche quello di farvi stare male.

4. Ponetegli la condizione di essere aperto e onesto quanto voi. Al primo segnale contrario, non mettetelo più al corrente delle vostre vicende.

5. Non investite più tempo, energia, amore o impegno di quanto ne riceviate.

6. Non rendetegli la relazione troppo facile. Se lo fate, è come se gli suggeriste che lui vale più di voi.

7. Iniziate la vostra storia incoraggiando i comportamenti che desiderate e scoraggiando quelli che non vi piacciono. Rammentate che le azioni contano più delle parole; le persone desumono ciò che volete da quello che accettate. Se non reagite agli atteggiamenti scorretti, non sorprendetevi quando si ripeteranno.

8. Siate dolci ma forti; femminili ma determinate. Non celate i vostri pregi, e non sminuite i traguardi che avete raggiunto. Fate sì che lui si innamori di come siete realmente.

---

poi struggervi per lui, bisogna che smettiate di farne una priorità della vostra vita. Partite per un viaggio con un'amica, portate il nipotino a fare una gita allo zoo, prendete in considerazione la possibilità di accettare il trasferimento che vi è stato proposto in ufficio. Quando vi tirate indietro, supponete che la relazione sia finita e iniziate a procedere senza il partner. Se siete sposate, fate sapere a vostro marito ciò che vi succede e assicuratevi che capisca perché non siete felici del rapporto. Ditegli che cosa volete da lui, dategli una scadenza, poi andatevene e non tornate fino ad allora.

Ricordate che, se vi avvicinate a qualcuno tentando di costringerlo all'intimità, non gli lasciate altra scelta se non quella di allontanarsi da voi. Se lo fate, ciò non significa che qualcosa in voi non funzioni: state semplicemente commettendo un errore stupido. Ma potete cambiare il vostro atteggiamento, capovolgere la situazione e indurre il partner a cercare la vostra approvazione. Fatto ciò, con ogni probabilità lo guarderete in modo più realistico, e magari arriverete a decidere che non è l'uomo che fa per voi. Se invece lo è, avrete cominciato a edificare la vostra relazione su salde fondamenta.

4

Errore numero due: aspettarsi che il partner ci legga nel pensiero

JESSICA, trentotto anni e nessun matrimonio alle spalle, aveva appena lasciato Teo, suo compagno da otto mesi. Nel mio studio si lamentava del fatto che non avrebbe mai avuto una relazione decente perché non c'erano in giro uomini per cui valesse la pena dannarsi; quindi, lei avrebbe fatto bene a lasciar perdere.

«Credo di essere una persona molto forte, riservata. Nessuno sa i fatti miei. Non permetto al partner di farmi piangere e non mi arrabbio mai», affermò con orgoglio. «Ho rotto con Teo per diversi motivi. Per prima cosa, è un gran maleducato. Mangia come un maiale, a volte è brusco con i miei amici, e non mi ha neppure invitata a trascorrere il fine settimana in campeggio con lui e i suoi compagni di avventura. Ovviamente, non gli ho mai rimproverato queste cose, perché lui dovrebbe sapere come la penso. Se gli avessi spiegato il mio punto di vista, lo avrei ferito.

«Ho mantenuto le distanze, a tratti mi sono un po' chiusa in me stessa, ma lui non mi ha mai chiesto se ci fosse qualcosa che non andava. So, per averlo imparato da mio padre e dai partner che ho avuto in passato, che gli uomini non cambiano, dunque, perché prender-

75

sela? Ora che è andato via questi due giorni senza di me, beh, ha davvero esagerato. È finita.»

Quando Jessica si rivolse a me, aveva già indossato una solida corazza contro Teo sulla base degli elementi menzionati e della «evidente» mancanza di attenzione verso i suoi sentimenti. Il nocciolo della questione era che l'unica persona che aveva il potere di modificare il comportamento di Teo – lui stesso – non aveva idea di come lei si sentisse. La donna aveva infatti commesso uno dei sette errori più stupidi: si aspettava che il suo compagno le leggesse il pensiero, e lui aveva «fatto fiasco».

La finzione: un gioco perdente in amore

«Dovrebbe capire quanto mi ferisce.»
«Perché non tenta di scoprirlo da sé? Perché devo sempre spiegarglielo?»
«Quell'uomo è incapace di cogliere le allusioni.»
«Se davvero mi amasse, mi capirebbe.»
Queste frasi vi suonano familiari? Ciascuna insinua che il partner dovrebbe essere in grado di dedurre ciò che una donna pensa e prova senza che lei proferisca parola. Siamo state educate a credere che diventeremo più forti se soffriremo in silenzio, inghiottiremo la rabbia e lasceremo che ognuno viva la sua vita, anche se le azioni altrui compromettono i nostri valori e la nostra autostima. Di fatto, però, scegliere di non comunicare in maniera diretta e sana è una mossa debole, codarda, e persino ipocrita. Per quanto possiamo razionalizzare i motivi che ci spingono a farlo («Sto proteggendo i suoi sentimenti», «In realtà non è importante», «Lui non cambierà in ogni caso, quindi, perché prendersela tanto?»), evitare i chiarimenti non migliora mai lo stato di cose. Anzi, non concede al

compagno la possibilità di difendersi, di spiegare perché si comporta in un certo modo, o di capire il nostro punto di vista per poi, eventualmente, cambiare. Le donne spesso sostengono di desiderare che le cose mutino, ma come si aspettano che ciò accada, le rare volte che lo spiegano, rimane un enigma per molti uomini e, devo ammetterlo, anche per alcuni psicologi.

Perché la comunicazione è importante

La comunicazione è il perno dell'amore, più del sesso, più delle romanticherie, più dell'amicizia, più di qualsiasi cosa. Quando ci innamoriamo, indipendentemente da quanto ci avviciniamo all'altro, rimaniamo due individui distinti. Solo la comunicazione elimina il divario che esiste tra noi. È impossibile evitare dei passi falsi in tal senso; sfortunatamente, quando ciò accade priviamo noi stesse, il nostro partner e la relazione dell'unico mezzo efficace per risolvere ogni problema che dobbiamo affrontare e per costruire l'intimità che desideriamo. Se decidiamo di non spiegarci esplicitamente (e questa è una scelta), rinunciamo alla nostra parte di responsabilità e di controllo nel rapporto.

Perché aspettarsi che il compagno vi legga nel pensiero è un errore

Pretendere che il partner ci legga nel pensiero può essere ritenuta una pessima strategia per molti versi, ma la ragione principale, la più ovvia, è che è destinata a fallire. Quando vi attendete una simile capacità, siete ingiuste nei suoi confronti (perché raramente lui incapperà nella risposta esatta) e nei vostri (perché non avrete mai ciò che volete, e per questo sarete sempre arrabbiate).

Se la vostra collera esplode, è molto probabile che esprimiate i vostri sentimenti su una quantità di problemi che si sommano a quello scatenante. Evelyn, una donna che seguii per qualche anno, aveva difficoltà a spiegare a Will ciò che la infastidiva. In dieci anni trascorsi insieme, lui si era sempre aspettato che, con cadenza più o meno mensile, una qualsiasi inezia, per esempio dimenticare di chiederle come era andata la giornata, l'avrebbe fatta infuriare. Allora lei avrebbe attinto a un elenco sempre più nutrito di rimostranze su tutto, dalla sua famiglia «pazza» agli scarponcini maleodoranti che aveva dimenticato nell'ingresso. In quei momenti Will la ascoltava appena. Poi Evelyn aveva cominciato ad aggiungere nuovi addebiti («Non mi ami più») che lo avevano colpito.

Se di solito comunicate in maniera scorretta e ricorrete alla finzione, finirete senz'altro con il non sentirvi amate. E, una volta che ve ne sarete convinte, lo stimolo a cambiare il vostro atteggiamento o a impegnarvi per trovare una soluzione si affievolirà, così come l'affetto per il partner.

È vero, bisogna essere in due per ballare il tango, ma il fatto è che gli uomini non hanno la nostra stessa capacità di comunicare. Le ragioni sono molteplici. Innanzi tutto, imparano molto presto che parlare dei loro sentimenti è considerato indice di debolezza e talvolta allontana le donne. Preferiscono quindi adeguarsi al modello di comportamento riconosciuto come tipicamente maschile, non condividendo alcunché e preferendo risolvere i problemi, invece di discuterne. Noi, d'altro canto, parliamo dei nostri stati d'animo con estrema, forse eccessiva, libertà, e spesso con le persone sbagliate. Di rado chiediamo ciò che vogliamo e ci impegniamo per modificare una situazione che ci rende infelici. Nessuno dei due atteggiamenti porta mai a nulla di buono.

Le donne pensano che parlare equivalga a comunicare;

a rischio di sembrare sessista, dirò che generalmente si esprimono più degli uomini. Data la mia professione, mi capita spesso di ascoltarne qualcuna continuare imperterrita a spiegare perché si sente esclusa dal mondo interiore del partner, mentre lui le siede accanto, aspettando pazientemente di intervenire. Quando faccio notare alla signora di non avere offerto al suo compagno l'opportunità di farsi le sue ragioni, di solito lei è imbarazzata. Siamo talmente abituate a fare da portavoce, che spesso non ci rendiamo neppure conto di negare al partner la possibilità di parlare.

Quattro passi verso una comunicazione sana

Un'altra lezione da imparare è che comunicare non è sempre uguale: alcune tecniche sono più efficaci, più eque, più affettuose. Anche in questo caso, la decisione spetta a voi: potete continuare a esprimere i vostri stati d'animo senza promettere nulla (il che equivale a brontolare o lagnarsi) oppure scegliere una via migliore.

Decidete di essere una persona che merita rispetto, che intende davvero ciò che dice, assumetevi la responsabilità delle vostre emozioni ed esponetele con franchezza, dichiarate ciò che volete, domandate un impegno o un compromesso e attenetevi a ciò che avete stabilito di fare.

Ricordate Jessica, che non aveva mai spiegato a Teo che cosa provasse nei suoi confronti? Sono felice di potervi dire che ora ha un altro compagno, Martin.

Al primo appuntamento ebbe subito l'opportunità di mettere in pratica le capacità recentemente acquisite; aveva quasi deciso di cancellare quell'uomo dall'elenco dei suoi conoscenti perché durante la serata lui aveva bevuto troppo, invece fece la scelta coraggiosa di dire ciò che pensava e affrontare il problema in maniera aperta e positiva. Seguendo i quattro passi verso una comunicazione sana, disse: «Marco, mi è spiaciuto molto che tu abbia esagerato con l'alcol. Voglio che tu mi prometta di non farlo più e di non bere più di tre drink la prossima volta che usciremo insieme. Ti sta bene? Altrimenti, preferisco non vederti più».

Dato che Jessica era stata diretta, schietta, non lo aveva giudicato, e si era assunta la responsabilità dei propri sentimenti offrendo un'alternativa chiara, lui non si arrabbiò, né tanto meno si offese. Gli disse che cosa si aspettava in un modo che le guadagnò il suo rispetto e, soprattutto, la sua collaborazione. Un anno dopo i due decisero di convivere, ma anche se avessero avuto solo una breve e felice avventura, Jessica avrebbe compreso che, invece di lasciare un uomo quando non ne gradiva il comportamento, poteva convincerlo a trattarla come lei desiderava.

Quattro passi verso una comunicazione sana

Sappiamo che comunicare è fondamentale in ogni relazione, tuttavia, non sempre riusciamo a esprimerci in maniera efficace. Come avrete modo di scoprire in questo libro, alla radice di ognuno dei sette errori più stupidi c'è un'interruzione dello scambio di informazioni. Anche quando pensiamo di esserci spiegate, spesso ciò che intendiamo non viene recepito perché non riusciamo a formularlo adeguatamente. Parlare in termini vaghi e generici, limitarci a dare sfogo alle nostre emozioni o a brontolare non funziona.

Per assicurarvi che il partner vi capisca, abituatevi a dire ciò che vi preme seguendo questi punti:

1. Esprimetevi: «Mi sento [indicate lo stato d'animo specifico] ogni volta che tu [precisate a quale comportamento vi riferite]».

segue

Dite come state e identificate chi o che cosa vi provoca quella reazione emotiva. Parlate in prima persona e siate precise (non esordite con: «Tu mi fai talmente arrabbiare») e non attaccatelo (mai dire: «Sei un egoista»). L'ideale sarebbe iniziare così: «Mi infastidisce che tu mi chieda di cambiare i miei programmi per adeguarli ai tuoi».

2. Dichiarate ciò che desiderate: «Voglio [un comportamento particolare]».

Individuando le vostre aspettative, non cadete nell'errore di aspettarvi che il vostro compagno vi legga nel pensiero. Affermazioni come: «Voglio che tu trascorra più tempo con me per fare le cose che mi piacciono», «Voglio che mi chiami quando pensi di fare tardi a cena», «Voglio fare all'amore più spesso», lasciano poco spazio alla discussione ed evitano la classica reazione difensiva: «Che cosa vuoi che faccia?»

3. Richiedete un impegno: «Ti senti di [darmi quel che voglio? Specificate che cosa]».

Questo è l'unico modo per scoprire se lui vi ha ascoltate e se intende prendere in considerazione o esaudire la vostra richiesta. «Mi accompagnerai più spesso alle serate alle quali desidero partecipare, per esempio venerdì prossimo, alla festa dei miei colleghi?», «Mi telefonerai la prossima volta che tarderai?», e «Stasera facciamo all'amore?» sono domande che vanno dritte al punto e prevedono una risposta precisa, sì o no. Se incontrate una forte resistenza, o se ottenete solo una mezza promessa («Non so se potrò, ma ci proverò»), allora procedete come dal punto successivo.

4. Spiegate quali sarebbero le conseguenze della riluttanza o del rifiuto del partner: «Se non lo farai, io [dichiarate ciò che accadrà]».

Questo gli farà capire che siete determinate a risolvere il vostro problema. Per esempio potreste affermare: «Se non ci sarai più spesso quando mi dedico a ciò che mi

segue

piace, troverò altre persone che vengano con me», «Se
non mi chiamerai quando ritardi, ne dedurrò che non
vieni e farò altri programmi», «Se non vuoi impegnarti
a migliorare la nostra vita sessuale, ti lascerò e troverò
un altro che abbia voglia di fare all'amore con me». Se
davvero volete ottenere ciò che non avete, dovete sapere che cosa farete se lui non esaudirà la vostra richiesta, e se non seguirete il vostro piano al momento
giusto, rimarrete sottomesse. A molte donne questa
strategia appare inutilmente aggressiva, ma solo perché
ci è stato insegnato che, se diamo un ultimatum a un
uomo, lui ci lascerà. Di fatto, poche la mettono in pratica, ma, non facendolo, si perde il controllo sia sulla
relazione sia sulla propria vita. È vero, la maggior parte
delle persone reagisce male agli ultimatum, perché a
nessuno piace sentirsi dire quali saranno le conseguenze dell'ennesima trasgressione. Ma porre una precisa
condizione rilancia la palla nella metà campo dell'altro, e gli dà a intendere che cosa comporterà la sua
mossa successiva. Così facendo, avrete almeno chiarito
al compagno di ritenerlo responsabile delle sue azioni,
e vi sarete liberate della paura dell'ignoto, dal momento che saprete esattamente che cosa fare quando lui vi
ferirà di nuovo.

Di tanto in tanto, potreste avvertire la necessità di sba-
razzarvi di vecchi risentimenti che permangono nella relazione. In questo caso, potrete consultare la versione mo-
dificata dei quattro passi verso una comunicazione sana,
che troverete a p. 85.

Tentate di risolvere le questioni che vi provocano rancore studiando un piano che preveda come in futuro potrete agire diversamente. Trovare una soluzione vi rispar-
mierà molti litigi e sarà un buon precedente per altre
«contrattazioni».

Ostacoli alla comunicazione

Non crediamo nell'utilità di esprimere apertamente i nostri sentimenti

Come molte donne, Sara presumeva che, poiché Bruno la amava, sarebbe stato disposto a fare qualunque cosa per costruire insieme con lei un rapporto di profonda intimità emotiva. Ma si sbagliava, e il loro matrimonio finì con un divorzio. Qualche anno più tardi, dopo avere letto il mio primo libro, venne nel mio studio

Nuove idee sulla comunicazione nella coppia

1. Uomini e donne hanno un diverso modo di pensare, differenti valori e modi di comunicare e di risolvere i problemi. Nessuno dei due è giusto o sbagliato, né uno dei partner può indovinare ciò che l'altro vuole.

2. Essere forti vuol dire essere in grado di correre i rischi che derivano dall'esprimere stati d'animo e desideri, e cercare attivamente delle soluzioni. Non significa fare finta di niente e tenersi tutto dentro.

3. Chiarire e chiedere ciò che si vuole è sano, non egoista.

4. Se si chiede ciò che si vuole, probabilmente lo si otterrà.

5. I sentimenti negativi non espressi finiranno con l'avvelenare la relazione.

6. Spesso il partner è disposto a cambiare i suoi comportamenti e atteggiamenti, se si rende conto che in tal modo il rapporto migliorerà.

perché aveva riconosciuto gli errori commessi e voleva provare a ricostruire la relazione con Bruno. Quando lo disse al marito, lui le confessò di amarla ancora e acconsentì a fare un secondo tentativo, con il sostegno di un consulente matrimoniale.

All'inizio Bruno si dimostrò collaborativo, e fu addirittura fin troppo disponibile sulle questioni di denaro, sui figli e sui rispettivi impegni di lavoro, ma ben presto chiarì di non voler analizzare la loro relazione. Ogni volta che gli veniva chiesto di esprimere i suoi stati d'animo, reagiva domandando: «Il passato è passato. Che cosa c'entra con il presente?» Gli spiegavo che i problemi si sarebbero ripresentati se lui e la moglie non avessero chiarito i propri sentimenti e trovato insieme delle soluzioni, ma lui non era convinto. Pregava Sara di riaccoglierlo nella loro casa e la sollecitava a riprendere la vita di un tempo, lasciando perdere quella «stupida» terapia. Quando lei insistette per proseguire le sedute, Bruno divenne sempre più violento, proprio come durante il matrimonio; tentò di intimidirla, dicendole che si comportava da sciocca consentendo a quegli incontri di condizionare il loro rapporto.

Se davvero amava Sara, perché opponeva tanta resistenza contro quei cambiamenti che avrebbero potuto ristabilire l'armonia? Quando tentammo di indagare sulla sua riluttanza ad aprirsi, negò di nutrire dei risentimenti. Se avesse ammesso di provare rancore, avrebbe confermato che la moglie lo aveva ferito. Invece, si finse troppo forte per cedere a quel tipo di stati d'animo. «Del resto», mi disse, «mia moglie conosce bene gli errori che ha commesso, non devo certo essere io a ricordarglieli.» Una volta gli parlai da solo, e lui svelò di essere irritato per una serie di piccole cose, ma non volle parlarne davanti a lei perché non vedeva la necessità di ferirla, rivangandole. Si era convinto di non essere in collera, e credeva che qualunque fastidio avesse provato fosse ormai privo di importanza.

Bruno non si accorgeva di quanto fossero palesi i suoi sentimenti, anche se non voleva rivelarli. Sara mi confessò di rendersi perfettamente conto di che cosa lui provasse, ma di non riuscire a comprenderne le ragioni, dal momento che lui non voleva parlarne. Lei percepiva la sua rabbia dal modo irrispettoso, condiscendente e sciovinista in cui lui le si rivolgeva. Scegliendo di litigare con lei su questioni di scarsa importanza, addirittura ridicole, e lasciandole immaginare quello che realmente c'era dietro, Bruno rivelava molto più di quanto credesse, ma non le offriva gli strumenti per risolvere i problemi. Quando glielo dissi apertamente, lui si mise sulla difensiva; affermò che il lavoro da affrontare era «troppo» e che, se due persone davvero si amano, non dovrebbero fare tanta fatica.

Il suo problema era che non capiva assolutamente le esigenze di una relazione basata su un profondo coinvolgimento emotivo. Non era disposto a svelare i suoi stati d'animo più privati, o a spiegare perché pensasse e agisse in un certo modo. Rifiutandosi di farlo, rese lampante che in un eventuale nuovo rapporto con Sara sarebbe stato lui a dettare le condizioni, condizioni che a quel punto la moglie capì di non poter accettare. Non sarebbe mai più potuta tornare alla situazione di un tempo, con Bruno che faceva quel che gli pareva, e lei nuovamente nella parte di moglie e madre ubbidiente, nell'assoluta assenza di comunicazione e di scambio emotivo.

Ovviamente, quando Sara si rese conto di non avere un futuro insieme con l'ex compagno ne fu distrutta. Tuttavia, comprese che a uccidere la loro relazione era stata l'incapacità di Bruno di stabilire una sana intimità, e non l'assenza di amore, né qualcosa che non funzionava in lei. Alla fine riuscì a dimenticare e a cercare un partner che avesse lo stesso suo desiderio di intimità.

Uno dei messaggi che assimiliamo durante l'infanzia è che le persone forti sanno controllare i propri stati d'animo e non se ne lasciano condizionare. Molti ammirano coloro che si comportano da duri e celano le emozioni, e potrebbero decidere di emularli perché ai loro occhi appaiono refrattari al dolore e alla sofferenza. Spesso, questi individui sono talmente bravi a mantenere la facciata – o gli altri sono talmente disposti a crederla vera – da farci credere, erroneamente, che siano più forti di noi. Invece, coloro che trattengono, o non ammettono, o non elaborano le proprie emozioni soffrono di stress psicologici e fisici. Gli studi ci dimostrano che le emozioni represse, in particolare la collera, possono causare malattie e morte prematura.

Nascondiamo i nostri stati d'animo perché crediamo che il partner non sappia affrontarli

La convinzione, molto diffusa, che il compagno sia incapace di affrontare i nostri stati d'animo nasce da diversi preconcetti radicati sull'amore. Uno di questi è che nei rapporti sentimentali tutto dovrebbe essere *semplice e bello*. Quando si nutre una simile aspettativa, non si lascia spazio al conflitto o al disaccordo; la sola ipotesi che in seno alla coppia si possa essere infelici o arrabbiati è una minaccia. Un altro luogo comune recita che, quando si ama davvero qualcuno, le emozioni negative sono fuori posto, che è cattivo e sbagliato esprimere nervosismo o scontentezza con qualcuno cui si vuole bene. A tutti, ma in particolare alle donne, viene insegnato a non ferire le persone care, a non dire cose sgradevoli, a non esternare la collera.

A nessuno piace scontrarsi con il partner, ma le discussioni sono necessarie in una relazione sana, forte e intima. Anche se tentiamo di camuffarla con nobili intenzioni, di solito si tratta di disonestà emotiva verso l'altro e verso noi stesse: possiamo anche «proteggere» il compagno dalla sofferenza che la nostra infelicità gli causerebbe, ma prima o poi persino noi non riusciremo più a crederci.

Forse la distanza che così facendo prendiamo da noi stesse è persino più nociva di questo tentativo di protezione. Tacere una serie di cose all'altro ci lascia bramose di una comunicazione schietta. Possiamo razionalizzare le ragioni che ci portano a scegliere di non condividere i nostri veri stati d'animo, ma nel profondo sappiamo la verità: non si trae alcuna soddisfazione dal dire a un altro ciò che vuole sentire, né c'è nulla di nobile nel «difendere» il partner da noi stesse.

Mara, una mia cliente di trentadue anni, si rivolse a me perché sentiva aumentare la distanza emotiva tra lei e Rino, suo marito. Affermò di amarlo molto, ma di essere sempre in collera con lui. Quando le chiesi che cosa la facesse adirare, rispose che non c'era «nulla in particolare, solo molte piccole cose». Durante il nostro colloquio, divenne chiaro che tutte quelle «piccole cose», per esempio la continua assenza del marito alle partite di calcio dei figli, o l'eccessiva stanchezza, che gli impediva di fare delle cose piacevoli con lei, erano attribuibili al suo impegno professionale. Come direttore delle vendite di una catena di caffè in grande espansione su tutto il territorio nazionale, Rino guadagnava uno stipendio invidiabile, ma raramente era a casa.

Sebbene Mara dicesse di voler trascorrere più tempo da sola con lui, ogni volta che erano insieme lei rovinava tutto con le sue continue lamentele e rimostranze. Per esempio, quando lui le aveva fatto una sorpresa organizzando una seconda luna di miele a New York, lei aveva trovato da ridire praticamente su ogni cosa, dal servizio in camera dell'*Hotel Plaza* alla commedia più in voga per cui il marito aveva procurato due posti in prima fila. Non era sembrata interessata a lui, né tanto meno a ciò che lui diceva o desiderava fare. Il loro silenzioso viaggio di ritorno in auto era stato punteggiato dalle sue osservazioni sarcastiche. Rino non aveva quasi neppure tentato di ribattere, perché stava iniziando a chiudersi in se stesso. Alla fine, esasperato, era esploso: «Non capisco che cosa diavolo vuoi. Non abbiamo mai occasione di trascorrere un po' di tempo insieme da soli, e, quando succede, sembra che io non ne azzecchi una. Non so nemmeno perché me la prendo».

«E dovrei forse saperlo io?» aveva ribattuto lei sprezzante, alzando la voce. «Non ci sei mai. Poi, quando finalmente ti degni di stare con me, ti aspetti che pensi che tutto ciò che fai è eccezionale!»

Mara aveva trattenuto la rabbia che covava riguardo

agli impegni del marito perché era molto soddisfatta dei benefici economici che le derivavano dalla sua posizione in azienda. «So quanto siamo fortunati che lui abbia quel lavoro», mi spiegò, razionalizzando i suoi sentimenti. «In fondo, quasi tutte le mie amiche devono lavorare a tempo pieno. Per lo meno io posso rimanere a casa con i bambini e, quindi, non dovrei lamentarmi.»

Come spesso accade, Mara poteva evitare di spiegare a chiare lettere le proprie emozioni, ma non riusciva a smettere di provarle, e di accumulare risentimento. Inoltre, non era più affettuosa nei confronti del marito perché aveva dentro di sé tutta quella collera repressa.

Nessuno ci ha mai insegnato che esiste una maniera positiva ed efficace di esprimere rabbia e sofferenza. Siamo state invece educate, come Mara, a ignorare le questioni che ci lasciano del rancore. Ovviamente, è impossibile continuare a fingere che i problemi non esistano, perciò, quando gli stati d'animo negativi raggiungono proporzioni critiche, facciamo quello che sappiamo fare: ce ne andiamo, o esplodiamo. Poiché siamo convinte di avere solo queste due possibilità, è ovvio che abbiamo paura di esprimerci: temiamo di perdere il controllo, di dire cose di cui potremmo pentirci e di rovinare la relazione solo perché abbiamo comunicato la nostra infelicità. Tuttavia, se prenderemo atto caso per caso dei motivi della nostra insoddisfazione, nel momento in cui ci assillano e attenendoci ai quattro passi verso una comunicazione sana, ciò non dovrebbe accadere.

Pensiamo che parlarne con lui non servirà a migliorare le cose

Chissà quante volte vi è stato detto: «Non credere di poterlo cambiare. Non ci riuscirai». Ed è vero: non potete trasformare la personalità del partner, o il suo sistema di valori. Ciò che potete modificare è il suo comportamento nei vostri confronti, ma, per riuscirci, dovete stabilire dei limiti e correre dei rischi.

Prima metterete in chiaro che cosa vi piace e che cosa proprio non vi va giù, quali sono gli atteggiamenti che considerate accettabili e quelli intollerabili, maggiori probabilità avrete di influenzare il suo atteggiamento rispetto alle vostre esigenze. Nei quindici anni vissuti con Rino, Mara aveva sempre dovuto adattare i suoi impegni a quelli del compagno; una volta avevano persino festeggiato il giorno del Ringraziamento con una settimana di ritardo perché lui era fuori città per lavoro. Lei non si era mai lamentata; gli aveva anzi sempre detto quanto apprezzasse il suo impegno professionale e il denaro che guadagnava. Non c'è da stupirsi che Rino trovasse normale fermarsi in ufficio fino a tardi e non capisse perché lei ce l'aveva tanto con lui.

Con le critiche e il sarcasmo allontaniamo il nostro compagno

Ammettere di provare ed esprimere la sofferenza, la rabbia o la delusione è una delle cose più difficili; di conseguenza, ricorriamo a forme di comunicazione indiretta e scorretta: piagnistei, battibecchi, giudizi, ordini, consigli, moralismi, distacco. La battuta pungente, il commento accusatore, la considerazione sarcastica ci danno l'illusione di esserci davvero spiegate, mantenendo una posizione di forza. Non rivelando quanto siamo ferite, ci sentiamo in un certo modo più al sicuro.

Forse pensate di voler davvero dire al partner come vi sentite e indurlo a fare qualcosa per migliorare la situazione, ma se scegliete di comunicare indirettamente, di certo lui non potrà rispondere in modo costruttivo e ponderato.

Frasi come: «Sei così distratto», «Parlare con te è come parlare con il muro», «È tutta colpa tua», sono degli attacchi, e agli attacchi si reagisce difendendosi. In queste circostanze, chiunque sarebbe uno stupido se scegliesse di aprirsi. Con questo atteggiamento dimostrate di voler tenere a bada il compagno, e che vi concentrate sugli errori che ha commesso, invece di cercare di risolvere il problema insieme. Alla lunga, lui si sentirà continuamente punito. Vi sentireste a vostro agio con qualcuno che vi tratta così?

Ci sentiamo sollevate raccontando a qualcun altro ciò che dovremmo dire al partner

Uno dei motivi per cui desideriamo tanto ardentemente un'intimità profonda è che parlare dei nostri problemi spesso ci fa stare meglio. Il che è sostanzialmente vero: dare voce alle nostre emozioni sicuramente allevia un po' la sofferenza, e la commiserazione dei nostri amici può confortarci, rassicurarci e, talvolta, persino vendicarci. La situazione classica è quella dell'amica che è al corrente di tutto ciò che lui vi ha fatto, mentre lui non ne sa nulla. Per esempio, quando Rino era in viaggio per lavoro, Mara chiamava la sua migliore amica, Peggy, e si lamentava di lui. Iniziava la conversazione con una gran rabbia in corpo ma, dopo le parole di comprensione dell'altra, si sentiva più rilassata. Non aveva mai espresso i suoi stati d'animo al marito, e loro due non avevano fatto un solo passo avanti, ma per lei quella sensazione di sollievo era sufficiente; la chiacchierata serviva a placare la collera e ritardava la sfuriata successiva. Allo stesso tempo, però, contribuiva anche ad aumentare il distacco emotivo tra i coniugi.

Nella costruzione di un rapporto sano, le vostre emozioni sono risorse imprescindibili. I sentimenti sono come i mattoni: possono essere usati per edificare un ponte o un muro. Quando condividete pensieri e sensazioni con il vostro compagno, costruite un ponte, un legame tra voi, quando invece scegliete di sfogarvi con gli altri, erigete un muro. Non c'è nulla di male nel discutere i vostri problemi con una persona di cui vi fidate, ma solo se usate quel momento di confronto come trampolino di lancio per poi affrontare il partner, e non come espediente per evitare un chiarimento.

Parlando male di lui correte altri tre rischi. Il primo è dato dalla possibilità che successivamente la situazione migliori, o che vi accorgiate di avere ingigantito le cose. Potreste allora rendervi conto di averlo demonizzato al punto che i vostri amici tenteranno di dissuadervi dal proseguire la relazione e non riusciranno mai a rivalutarlo. Poiché quasi tutti, dando la propria versione di una storia, non sono imparziali (non rivelano la parte che hanno avuto nella nascita di un problema), spesso conquistano gli amici alla loro causa. Sfortunatamente, a prescindere dall'evoluzione che potrebbe avere il vostro rapporto, chi è dalla vostra parte tenderà a rimanervi fedele. E se avete fatto apparire il compagno come un farabutto, potete essere quasi certe che gli altri continueranno a vederlo sotto quella luce.

Il secondo rischio è stabilire un legame emotivo più profondo con il confidente che con il partner, e se avete parlato con una persona del sesso opposto, l'immediata, per quanto parziale, intimità emotiva venuta a crearsi potrebbe favorire una nuova relazione.

Il terzo è quello di scegliere un interlocutore che probabilmente ha le stesse convinzioni errate che state tentando, o dovreste tentare, di abbandonare. I suoi consigli, seppure a fin di bene, potrebbero riportarvi ai vecchi comportamenti che vi eravate proposte di modificare.

Condividere i segreti costruisce dei legami. Quando riferite ad altri informazioni sul vostro compagno e sulla vostra relazione, li invitate a far parte del vostro ménage, situazione che può rivelarsi sgradevole, addirittura pericolosa. Come la prendereste se sapeste che lui ha svelato dei particolari intimi che vi riguardano, mettendovi in cattiva luce?

La regola da seguire è: non riferire mai nulla sul compagno di cui non abbiate già parlato con lui. L'unica eccezione è costituita da un consulto preventivo con un amico, per decidere la linea da seguire prima di comunicargli qualcosa.

Vogliamo che il partner intuisca le nostre emozioni

«Se mi amasse davvero, si renderebbe conto che c'è qualcosa che non va», si ripeteva Mara. «Dovrebbe impegnarsi di più a scoprire che cosa mi sta passando per la testa.» Quante volte avete pensato più o meno le stesse cose? Non c'è nulla di male nel sognare un amante talmente sintonizzato sui vostri stati d'animo da comprendere con un solo sguardo i vostri desideri. Ricordate però che un uomo di questo genere non esiste. Dovrebbe chiedervi continuamente: «Tutto bene, tesoro? Ho fatto qualcosa di male? Come posso aiutarti?» È umanamente impossibile per chiunque sapere in ogni momento ciò che l'altro pensa o prova. Pensate a quante volte avete dato per scontato che cosa stesse passando per la mente del vostro compagno, per poi scoprire che vi eravate sbagliate. Una comunicazione non verbale è facilmente fraintesa. Quando credete che i vostri sbalzi d'umore lo spingeranno a chiedervi che cosa non va, probabilmente lui invece interpreterà il vostro atteggiamento come un modo per fargli capire che avete bisogno di spazio. Quindi, non biasimatelo se vi prende in parola mentre girate per casa come una furia e alle sue richieste di spiegazione rispondete: «Non ho niente».

Come comunicare efficacemente

Non negate, né tentate di reprimere, i vostri stati d'animo

Di fronte a una difficoltà, spesso la nostra prima reazione è quella di evitarla. Mara negava la sua rabbia rammentando a se stessa: «Rino lavora così duramente, e la nostra casa è talmente bella... Perché dovrei lamentarmi? Le cose non vanno poi tanto male...» Purtroppo, siamo cresciute credendo che avere un problema equivalga ad avere sbagliato. Dobbiamo invece iniziare a considerare ogni *impasse* come un'opportunità di migliorare la relazione, di scoprire nuovi aspetti di noi stesse e del partner, e forse persino di scoprire di amarlo ancora più profondamente. Quando affrontiamo e superiamo insieme le difficoltà, rinsaldiamo il legame che ci unisce e aumentiamo le probabilità di superare la crisi successiva (che prima o poi arriverà).

Fate affermazioni, non date giudizi

Quando due individui formano una coppia, credono di dover provare e pensare le stesse cose. Avete ogni diritto di dare al compagno il vostro parere su ciò che fa, ma non ne avete alcuno di farlo sentire in colpa. Ammettiamolo: non sempre è facile, soprattutto quando si è infuriate. Un buon sistema per trattenersi è sostituire qualunque affermazione in seconda persona con una in prima. Per esempio, dite: «Mi sento sola il venerdì, quando esci con i tuoi amici», invece di: «Non dovresti preferire i tuoi amici a me». Oppure: «Mi sento ferita quando ti arrabbi», in luogo di: «Non hai alcun diritto di essere in collera con me». (Consultate lo schema a p. 98; vi troverete altre indicazioni utili.)

Ammettete i vostri torti

Riconoscete di esservi aspettate che lui vi leggesse nel pensiero, e che non è giusto avere simili pretese. Ammettete di avere giocato a farvi desiderare, e che potreste averlo fatto per compensare l'affetto o la comprensione che credete di non avere ricevuto da un'altra persona amata in passato.

Confessate di avere avuto paura di dirgli che cosa volete e come vi sentite. Poi spiegategli che cosa innesca le vostre reazioni, e perché.

Siate vulnerabili, e nel contempo forti

L'emozione che si nasconde dietro l'ira e la scatena è sempre il dolore. Siamo talmente condizionate a pensare che collera equivalga a ostilità, da non riuscire a riconoscere in una persona arrabbiata qualcuno che soffre. Questo è il motivo per cui di solito sulle prime reagiamo difendendoci, e non prestiamo attenzione a ciò che l'altro sta tentando di dirci.

Se la vostra comunicazione inizia con un'espressione di vulnerabilità, avrete maggiori probabilità di risolvere i problemi che si presenteranno.

Parlate sempre in prima persona (evitate di coinvolgere l'altro o «gli uomini») e partite dal vostro stato d'animo, non dall'opinione del partner o dalla situazione. I discorsi che prendono il via con: «Mi sento ferita», «Sono triste», «Mi sento poco amata, rifiutata», «Sono depressa», «Mi sento in colpa», «Sono preoccupata», oppure «Sono dispiaciuta», vengono recepiti come inviti, non come accuse. Quando siamo vulnerabili in modo sano coloro che amiamo tendono a venirci incontro, non si ritraggono. Da quel punto in avanti, possiamo seguire i quattro punti per una sana comunicazione.

Comunicazioni sbagliate	Non dite...	Dite invece...
Da giudice	«Dovresti essere più gentile con i miei amici.»	«Mi sento ferita quando ti rivolgi ai miei amici come se non li apprezzassi.»
Polemico	«Sai bene di avere mentito» o «Ti sbagli!»	«So che sei convinto di avere ragione, ma non sono d'accordo; te ne spiego i motivi.»
Piagnucoloso	«Non vuoi mai fare quello che mi piace.»	«Mi piacerebbe che tu facessi più cose con me, ma, se non ne hai voglia, le farò con i miei amici.»
Autoritario	«Smetti di guardare la TV e vieni a parlare con me!»	«Mi sento sola e voglio che parli un po' con me.»
Da consulente	«Devi dire al tuo capo di non trattarti così.»	«Vuoi il mio parere?» [Se la risposta è sì, ditegli come potrebbe – e non come dovrebbe – gestire la situazione.]
Sarcastico	«OK, Magellano, dimmi di quante centinaia di miglia siamo fuori rotta.»	«Credo che arriveremmo prima se ci fermassimo a scegliere la strada giusta.»
Moralista	«È sbagliato guardare altre donne se si è sposati.»	«Mi sento a disagio quando fissi altre donne.»
Analitico	«Mi stai trattando come trattavi tua madre.»	«La tua rabbia non è rivolta contro di me. Con chi o con che cosa ce l'hai?»
Critico	«Perché mi hai spedito un mazzo di rose gialle? Sai che odio quel colore.»	«Grazie per i fiori, sono stupendi. Le rose gialle fanno allegria, ma a me piacciono anche quelle rosse, perché sono romantiche.»

Se, nonostante abbiate abbassato la guardia il compagno vi attacca verbalmente, potete e dovreste difendere il vostro spazio. Arrabbiatevi. Siate forti e precise, e preparatevi un piano d'azione. Potreste dire: «Sto tentando di spiegarti una cosa, ma tu non mi ascolti, quindi non te ne parlerò più. Non ti permetto di trattarmi così». Poi, mantenete le distanze fino a quando lui inizierà a darvi ascolto.

Imparate a elaborare le emozioni

È difficile spiegare al partner ciò che si prova se prima non lo si è individuato di persona. Dal momento che non ci viene insegnata l'importanza dell'introspezione, raramente ci fermiamo per capire come ci sentiamo, finché una grave crisi non ci lascia scelta. Talvolta ci pentiamo di ciò che abbiamo detto o del modo in cui ci siamo espresse. A quel punto, però, di solito è troppo tardi per salvare la relazione. (È da questo tipo di esperienza, tra l'altro, che deriviamo l'idea che comunicare non serva a nulla.) Mara sapeva di essere arrabbiata con Rino ma, poiché non aveva voluto mettere a fuoco ciò che la irritava, non riusciva a spiegarglielo, né a trovare delle possibili vie d'uscita dal suo stato d'animo.

Il modo per stabilire, e mantenere, un contatto con se stesse è quello di prendere l'abitudine di rivolgersi periodicamente (diciamo più o meno una volta alla settimana, nel giorno del bucato, oppure guidando verso casa prima di due giorni di vacanza) queste domande: «Come mi sento in questo momento?» «Se sono in collera, con chi lo sono?» «Che cosa vorrei che succedesse, invece?» «Come posso fare in modo che avvenga?» «In caso contrario, quali passi sarei disposta a fare?»

Dopo alcuni mesi di terapia, Mara si rese conto di essere stata ingiusta verso se stessa, Rino e la loro relazione. Rifletté attentamente sulle ragioni della sua rabbia e prese in considerazione diversi possibili compromessi su cui lei e il marito avrebbero potuto accordarsi. Un giorno, gli disse: «Sono stata arrabbiata con te per molto tempo perché il tuo lavoro ti ha allontanato sempre più dalla nostra famiglia e da me. Voglio che ti impegni con me per trovare il modo di passare meno ore in ufficio, oppure, se non è possibile, per rendere più divertente il tempo che trascorri con me e i bambini».

Rino, che stava iniziando a chiedersi se Mara lo amasse ancora, si sentì sollevato venendo a sapere che lei aveva sofferto per le sue frequenti assenze e che non era irritata per i vestiti che lui sceglieva, il modo in cui parlava ai figli, tagliava l'insalata, e faceva tutte le altre cose di cui lo rimproverava. Insieme, arrivarono a una soluzione: lui avrebbe fatto in modo di farsi sostituire il più possibile da un collega nelle riunioni fuori città, e lei avrebbe iscritto i ragazzi a una squadra di calcio che giocasse il sabato e non il venerdì, così che anche Rino potesse assistere alle partite. Dal momento che la domenica era una giornata libera per entrambi, sarebbe stata riservata alle cenette intime e agli appuntamenti romantici. Decisero poi che, se durante le vacanze scolastiche lui si fosse recato per affari in una bella città, sarebbe stato accompagnato da tutta la famiglia, anche solo per il fine settimana.

Rivelate la vostra vera natura

Se non rivelate la vostra vera personalità, difetti compresi, non arriverete mai a esporvi abbastanza perché qualcuno vi ami e si senta legato a voi. Se vi presentate in versione riveduta e corretta, non godrete mai di un'unione profonda e intensa.

Seguendo l'impulso di offrire agli altri il nostro lato migliore, spesso inconsciamente tralasciamo gli aspetti del nostro carattere e della nostra esistenza che ci rendono più interessanti, quelli che meglio definiscono chi siamo. Quando Alan e io iniziammo la nostra relazione, lui comprese che a volte mostravo una tendenza al controllo. Non si trattava certo di una delle mie caratteristiche migliori, ma, quando gli raccontai del mio passato, lui la accettò più facilmente. Come gli spiegai, controllavo perché ero brava a farlo, ed ero brava perché sin dall'adolescenza la mia famiglia mi aveva offerto grosse opportunità per perfezionarmi in tal senso.

Di conseguenza, anni dopo, controllare Alan si rivelava più un'abitudine inveterata che un'azione diretta personalmente contro di lui. Ovviamente, ciò non mi giustificava, e mi impegnai a fondo per cambiare. Ma conoscere questi particolari diede al mio compagno la possibilità di capirmi meglio, di essere certo che non ce l'avevo con lui, gli rese più facile non prendersela e gli consentì di vedere e amare un'altra parte di me.

Come elaborare le vostre emozioni

1. Ammettete che nella vostra vita c'è qualcosa che non va per il giusto verso.
2. Pensate al vostro stato d'animo rispetto a quel problema. Per esempio: «Questa faccenda mi deprime/mi fa arrabbiare/mi irrita».
3. Lasciate traboccare completamente il dolore; poi tentate di scoprire quando, in passato, vi eravate sentite così e per quali ragioni. Chiedetevi se si tratti di un motivo ricorrente, se avete provato le stesse sensazioni con altri partner o con i genitori.
4. Decidete che cosa volete fare. Fatevi guidare dalla ragione e dalle emozioni.
5. Immaginatevi di affrontare il problema ricorrendo ai quattro passi per una sana comunicazione.
6. Mettete in pratica la vostra decisione.

Imparate a battervi in modo corretto

Le coppie spesso hanno scontri scorretti senza neppure saperlo. I colpi bassi lasciano nella relazione strascichi negativi che daranno i loro frutti.

- Quando ascoltate il partner, sforzatevi di chiedergli conferma del significato e della carica emotiva di ciò che ha detto, per assicurarvi di avere capito bene, prima di reagire. Dite, per esempio: «Mi sembra che tu abbia detto di essere arrabbiato con me perché rispondo sempre al telefono, anche quando le chiamate arrivano nel bel mezzo di una cenetta romantica».

- Durante un litigio, prendetevi delle pause, specialmente se uno di voi è stanco, o ha bevuto un po' troppo, o entrambi vi rendete conto di rivangare vecchie storie. Ma fatelo solo se vi ripromettete a vicenda di riprendere la discussione in seguito, impegnandovi a risolvere la questione.

- Pensate a qualche frase neutrale che ponga fine alla lite, o faccia capire all'altro che si è spinto troppo oltre. Talvolta può bastare anche un gesto. Una coppia che conosco preme i palmi delle mani in una certa maniera e dice: «Arimo!»

- Stabilite che certi comportamenti sono inaccettabili, per esempio gli insulti, i danni agli oggetti, le intimidazioni fisiche. Se uno dei due oltrepassa il limite, l'altro avrà il diritto di rifiutarsi di continuare a litigare e andarsene.

- Siate precise e costruttive. Quando parlate dell'altro, potrebbe venirvi da dire: «Fa sempre...» oppure: «Non mi dice mai...» Anche se i comportamenti di cui vi state lamentando si verificano di tanto in tanto, difficilmente il partner li ripeterà sempre o mai. Con ciò non voglio dire che la metà delle volte in cui lui si presenta in ritardo non dobbiate sentirvi arrabbiata come se non fosse mai puntuale. Probabilmente è così, e le vostre rimostranze sono valide. Agli alti dirigenti d'azienda viene insegnato che la regola d'oro da seguire durante la discussione dei problemi con il personale è essere specifici. Gridare: «Sei sempre in ritardo, non ne posso davvero più!» è come chiedere in risposta: «Non è affatto vero, e lo sai». Le liti di questo tipo vi conducono in un vicolo cieco, e producono soltanto ulteriore collera e incomprensione.

- Fissate una data di scadenza delle lamentele. Una volta tolta di mezzo una questione, stabilite un termine alle rimostranze. Nessuno può cambiare il passato, e sebbene possiate credere qualcuno responsabile delle sue azioni, rinvangarle fa sì che lui si senta nuovamente aggredito e si metta sulle difensive.

Date esempio del tipo di comunicazione che desiderate con lui

Quando adottate un nuovo modo di comunicare, potrebbe accadere che uno di voi non ne sia entusiasta quanto l'altro, o che non sia disposto a seguirlo, o non ne sia capace. Se siete in preda alla collera, non sempre vi sarà facile attenervi ai quattro punti indicati in precedenza. In ogni caso, non dovrete prendere esempio dalla scarsa capacità comunicativa del partner.

Se davvero volete cambiare stile, dovrete mostrargli con i fatti quello cui aspirate. Limitandovi a parlare chiaramente, apertamente e onestamente, spesso potrete disinnescare una situazione di tensione. Se non altro, non avrete contribuito alla sua esacerbazione e ai conseguenti risentimenti e incomprensioni.

Affrontate il partner per spronarlo ad aprirsi

Se vivete con un uomo incapace di comunicare, non abbiate timore di affrontarlo sull'argomento. Seguendo i quattro passi per una sana comunicazione, potreste dire qualcosa come:

Mi sento frustrata quando rifiuti di fare quello che serve a risolvere i nostri problemi. Voglio che tu mi dica che cosa non funziona e, se non lo sai, allora cerchiamo di scoprirlo. Vuoi parlarne con me, o magari vuoi vedere un terapeuta per risolvere la questione una volta per tutte? In caso contrario, non continuerò a tentare di cavarmela da sola. Mi allontanerò da te e farò qualunque cosa riterrò giusta per la mia vita.

Spiegategli che cosa state facendo e perché; poi, fategli capire che la mossa successiva dovrà essere sua. Invitatelo a farvi sapere quando si sente pronto a parlare. In seguito (e so che questa è la parte più difficile) evitate di tornare sull'argomento. Mantenete le distanze e lasciatevi coinvolgere dagli amici, dai passatempi e da altri interessi. Seguire fino in fondo l'ultimo dei quattro passi è fondamentale. Se non lo farete, trasmetterete il messaggio che non credevate realmente a ciò che avete affermato nei primi tre.

Create un'atmosfera che stimoli la vicinanza emotiva

Per esperienza personale e professionale, so che le persone possono cambiare e cambiano, indipendentemente dalle vicende sentimentali precedenti. Per esempio, Alan e io discutemmo fin dall'inizio sul tipo di relazione che desideravamo avere: paritaria e intima. Il problema era come crearla. Lui, come Bruno, l'ex marito di Sara, non credeva molto alla condivisione di stati d'animo ed emozioni. Non ce n'era stata molta durante i suoi diciassette anni di matrimonio e, quando lo conobbi, si descriveva orgogliosamente «una persona molto riservata». Io mi dimostrai molto più aperta e disponibile di lui ma, dopo alcuni mesi, mi resi conto che non ci stavamo offrendo all'altro in egual misura. Decisi perciò di essere meno aperta finché Alan non avesse iniziato a dare il suo contributo, e lo misi a parte del mio proposito. Dal momento che quell'atteggiamento era contrario alla mia natura mi costò un po' di fatica, ma sapevo che impostare le cose in modo giusto fin dall'inizio si sarebbe rivelato in ogni caso più facile che tentare di sistemarle in seguito. La mia mossa lo spinse a partecipare attivamente alla creazione di intimità.

Quando parlo di «costringere» qualcuno alla condivisione emotiva o di «creare una distanza» da lui, esprimo un giudizio di merito non sulla persona, ma sui comportamenti negativi che ha fatto propri nel tempo. Se io avessi continuato a favorire una maggiore intimità parlando dei miei sentimenti senza chiedere ad Alan di fare altrettanto, probabilmente lui non sarebbe cambiato, non perché sia insensibile, ma perché, come molti altri, non sapeva comportarsi altrimenti.

Insieme imparammo che, per avere una relazione intima, avremmo dovuto contribuire equamente e costantemente. Ci vollero comprensione e impegno, e non successe dalla sera alla mattina. Ma noi eravamo convinti che quell'investimento emotivo avrebbe reso, e così è stato. È più semplice affrontare i problemi nel momento in cui si presentano, piuttosto che rimandare. Ora noi sappiamo, grazie alle esperienze passate, di avere la volontà per trovare le soluzioni migliori, e abbiamo constatato che ogni difficoltà può trasformarsi in un'opportunità di rafforzare il nostro legame.

5

Errore numero tre:
atteggiarsi a martire

NELLA tradizione, i martiri sono coloro che rinunciano consapevolmente alla propria vita per un ideale; grandi opere storiche, letterarie e figurative ce li presentano come modelli cui tutti dovremmo aspirare. Nella realtà odierna, però, sono persone (in molti casi, ma non esclusivamente, donne) che sacrificano personalità, sogni, ambizioni, autostima e desideri in nome dell'amore. Spesso ci atteggiamo a martiri perché non conosciamo altro modo di affrontare qualcuno che amiamo. La predisposizione al sacrificio si sviluppa all'ombra di pensieri e stati d'animo inespressi, conflitti irrisolti e principi calpestati. Porta a un accumulo di risentimento, collera, delusione e odio per se stessi, e, dove riesce a mettere radici, avvelena l'amore.

Se vi riconoscete in uno dei comportamenti che seguono, probabilmente anche voi vi atteggiate a martiri.

• Fare sacrifici. Dite raramente di no e vi prestate a fare delle cose per il compagno, pur sapendo che in seguito ve ne rammaricherete? Cercate di andare sempre d'accordo, scegliendo di non discutere e di non contraddirlo, anche se contravvenite alla vostre più intime convinzioni? Fate tutto ciò che vi chiede, nonostante ne soffriate? Gli permettete di avere rapporti sessuali con voi, per quanto lui non tenga conto delle vostre esigenze, o non siate in un momento di particolare intimità?

- Dipendere dal compagno per la propria felicità. Vi capita mai di pensare: «Sarei felice se solo lui mi amasse di più/smettesse di bere/avesse uno stipendio migliore»? Gli consentite di gestire certi aspetti della vostra vita? Vi isolate dagli amici e dai famigliari perché a lui non vanno a genio? Gli chiedete continue conferme sulla vostra adeguatezza? Quando vi umilia, vi sminuisce o si comporta in maniera condiscendente nei vostri confronti, pensate di meritarvelo?
- Mettere il partner su un piedistallo. Credete che lui sia più coraggioso, più forte o migliore di voi? Rimanete leali verso di lui anche dopo che vi ha ferite? Tentate sempre di comprendere e perdonare? Oscillate tra idealizzarlo e sminuirlo, lodarlo e subito dopo umiliarlo? Quando vi attacca, mettete in discussione prima di tutto voi stesse e solo successivamente lui? Gli fate prendere la maggior parte delle decisioni sulla relazione perché credete che ne sappia più di voi?
- Essere incapaci di reagire alle aggressioni. Piangete, brontolate e vi lamentate di lui, ma non lo prendete mai di petto? Trovate, per voi stesse e per gli altri, delle giustificazioni al suo comportamento scorretto? Dopo una lite o una rottura, nel tentativo di salvare la vostra unione, promettete solennemente di cambiare e vi scusate, pur sapendo di non avere alcuna colpa?
- Ricorrere a modalità passivo-aggressive. Invece di esprimere la rabbia, vi sfogate prelevando somme eccessive dal conto corrente, dimenticandovi di riferirgli messaggi telefonici importanti, facendo promesse che non mantenete, o sabotandolo altrimenti?

Se avete risposto affermativamente a qualcuna di queste domande, è probabile che vi atteggiate a martiri. In questo modo, addirittura incoraggiate il partner a comportarsi male nei vostri confronti. Che ciò implichi da parte sua ritardi cronici o maltrattamenti fisici, le cause sono le stesse. Come nel caso dei due errori presi in esame nei capitoli precedenti, anche la propensione al sacrificio deriva dalla scelta di vivere seguendo convinzioni sbagliate e falsi valori, dannosi per la salute emotiva e la stabilità della relazione.

Di fatto, può darsi che la vocazione al martirio sia la fase avanzata di un processo che avete iniziato forzando l'intimità e aspettandovi che l'altro vi leggesse nel pensiero. Come vedrete, in genere le donne fanno le martiri dopo avere commesso uno degli altri due errori, o entrambi.

Perché il martirio sembra meglio di ciò che è

Sfortunatamente, siamo educate a credere che ci sia qualcosa di grande e nobile nel martirio, nell'assenza di egoismo, nel sacrificio. L'eroina è sempre colei che antepone il bene, la sicurezza e la felicità altrui ai propri interessi. La definizione di buona madre comprende un repertorio di modestia e rinunce. La cosiddetta brava moglie rimane silenziosamente all'ombra del marito e subordina le proprie esigenze alle sue e a quelle dei figli.

Le persone che agiscono in tal modo sono «buone», e sanno di esserlo, così come lo sanno gli altri. Più di un secolo fa l'infermiera inglese Florence Nightingale scrisse: «La martire sacrifica se stessa invano. O piuttosto, non invano, perché rende l'egoista più egoista, il pigro più pigro, il meschino più meschino». Quando scegliamo di essere vittime, abbracciamo l'eterna generosità in un mondo di profittatori, che sono istintivamente alla ricerca di compagne in grado di dare; quindi, di nuovo, gli opposti si attraggono secondo la modalità dominante/sottomessa.

Non c'è nulla di negativo in sé nel fare qualcosa per chi si ama, compiere sacrifici, pensare prima al bene degli altri, quando la situazione lo richiede. In una relazione sana ed equilibrata, le nostre rinunce sono controbilanciate da quelle del compagno.

Dare è un'espressione del nostro amore, non l'aspetto predominante della nostra personalità, quindi dovrebbe essere riconosciuto e apprezzato, non preteso. Per le donne che hanno una predisposizione al martirio, però, questo atteggiamento diviene la reazione automatica a ogni potenziale conflitto. Diversi sono i preconcetti che ci inducono e ci aiutano a cadere in questo tipo di comportamento, ma il più diffuso è che gli uomini preferiscono dominarci, e ci apprezzano di più se ci mostriamo ubbidienti. Del resto, in questo modo non accampiamo richieste, né causiamo guai e, proprio come un genitore ama una bambina buona, anche loro dovrebbero amarci, magari anche di più.

Ma è sbagliato crederlo. Persino quelli che approfittano così delle compagne, prima o poi perdono la stima nei loro confronti. In ultimo, le poverette imparano a proprie spese che i sacrifici compiuti non sono serviti a nulla. Abbandonano la relazione dopo mesi, anni, magari decenni, a mani vuote, senza una briciola di fiducia in se stesse.

Elena e Mauro erano alle soglie dei trent'anni, ed erano sposati da tre. Lei venne a consultarmi perché si sentiva molto depressa.

Aveva lavorato come rappresentante commerciale di un'azienda produttrice di cosmetici, finché il marito non l'aveva costretta a licenziarsi, perché non gli andava che fosse impegnata fuori. Durante il primo anno di matrimonio, Elena si era mantenuta attiva sistemando la nuova casa; quando, in seguito, aveva detto a Mauro di non avere più nulla da fare, lui le aveva suggerito di prendersi cura dei suoi genitori infermi. Lei lo aveva fatto. Essendo la maggiore di sei figli, era stata educata a credere che amare qualcuno richiedesse sacrificio, e che solo le persone cattive e deboli si lamentano.

Quando la conobbi, due anni dopo, accompagnava il suocero dal medico almeno una volta la settimana, se non due o tre, faceva la spesa per lui e sua moglie e sbrigava le loro faccende domestiche. Mauro, rientrando a casa la sera, si aspettava sempre di trovare la cena in tavola, lenzuola pulite sul letto e sei lattine di birra in frigorifero.

Se le cose non erano di suo gusto, le ricordava tutto ciò che aveva sbagliato sin dal giorno in cui si erano incontrati. Lei non ribatteva mai, e non smetteva di darsi da fare. Ogni fine settimana prendeva l'auto e portava i suoceri a trovare gli altri figli e i nipoti, mentre Mauro partecipava ai suoi tornei sportivi, andava in palestra o con gli amici al bar.

Dopo diverse sedute di terapia, la donna riuscì a trascinare il marito nel mio studio. Quando gli chiesi se si rendesse conto di controllare la moglie, e persino di abusare di lei, lui lo negò energicamente e rispose: «So bene di averle chiesto di fare molte cose per i miei, ma non se n'è mai risentita. In fondo, non mi ha mai chiesto di darle una mano, invece di andare a divertirmi. E poi, sa di avere fatto un buon affare e sono convinto che non mi lascerà mai».

Il punto di vista di Mauro mi ricorda la giustificazione fornita da chi chiede cifre esorbitanti per cose di scarso valore: «Beh, se la gente è così stupida da pagare un prezzo simile, perché mai non dovrei approfittarne?» Già, perché no?

Immagino pensiate: In che senso, perché no? Perché approfittarsi della gente è scorretto e cattivo. E avete ragione. Anche una donna impegnata in una relazione sana può avere la stessa opinione, ma riconosce che è la vita a essere ingiusta e si attribuisce la responsabilità e il permesso di crearsi una propria giustizia quando gli altri o «il mondo» non se ne curano. Al contrario, una martire come Elena continuerà a credere che il bene alla fine vincerà e i suoi sacrifici saranno ricompensati. Quando non succederà, invece di modificare il proprio modo di agire si impegnerà ulteriormente, pensando di avere sbagliato. Il primo e più grave errore che questa donna commette è lasciare a qualcun altro, più precisamente, alla persona per la quale sta compiendo dei sacrifici, il potere, e poi aspettare una ricompensa. Il secondo sbaglio è non sapere quando smettere di dare.

Diana era la classica superdonna. Aveva allevato due figli, cucinava, sbrigava le faccende e soddisfaceva ogni desiderio del partner. Quando lui si era lamentato della loro situazione finanziaria, lei aveva avviato una fortunata attività di grafica. Era convinta che mantenere l'armonia in famiglia l'avrebbe resa felice. Si rivolse a me quando scoprì che Gianni aveva una relazione extraconiugale; se n'era già andato di casa e frequentava apertamente la nuova compagna.

Diana era affranta, e aveva giurato a se stessa di riuscire a riconquistarlo. Invece di sentirsi in collera e meditare vendetta, mi chiese di darle dei consigli per fare in modo che lui si innamorasse di nuovo di lei. Ogni volta che Gianni schioccava le dita, lei si precipitava da lui per fare sesso. Gli consentì di oltrepassare i confini di qualsiasi aspetto della sua vita. Si rese totalmente disponibile e rifiutò di attribuirgli la benché minima colpa perché era convinta che, comportandosi in maniera remissiva, lo avrebbe convinto a tornare.

Più aspettava, più si faceva prendere dalla disperazione. Accumulava rancore, ma, quando lui la evitava, si convinceva di volerlo ancora, a tutti i costi. Depressa, talvolta persino colta da propositi suicidi, non riusciva a immaginare la vita senza il marito. Pensando di assumersi la responsabilità della propria vita e ricrearsela di giorno in giorno da sola, si sentiva smarrita. Credeva che non avrebbe mai potuto essere felice se lui non fosse tornato. La sua reazione era interessante, dal momento che, quando le chiedevo perché lo desiderasse tanto, ammetteva di non saperlo; infatti durante il matrimonio non era stata poi così felice, forse contenta.

Diana rifiutò di vedere ciò che era assolutamente lampante finché non le suggerii di condurre Gianni nel mio studio. In quella circostanza lui le spiegò chiaramente che non avrebbe proseguito la relazione con lei. Aggiunse inoltre che, sebbene gli piacesse fare sesso di tanto in tanto, loro due non avrebbero mai più formato una coppia. Solo allora lei si arrabbiò per il modo in cui era stata trattata. Iniziò a fissare dei limiti. Quando rifiutò le sue telefonate e si negò alle richieste di rapporti intimi, lui se la prese; era abituato ad avere la botte piena e la moglie ubriaca. Lei dovette lavorare duramente per smettere di fare la martire, ma ora si è ricostruita una sua vita.

Perché tollerariamo i comportamenti negativi

Non vogliamo assumerci la responsabilità della nostra vita

Le donne che scelgono il sacrificio e permettono comportamenti inaccettabili nei loro confronti, si lamentano continuamente: «Perché mi fa una cosa del genere? Non riesco a immaginare che si possa trattare qualcuno in questo modo!» Ingenuamente, ci aspettiamo che gli altri abbiano i nostri stessi valori. Confondiamo il nostro desiderio di vivere in pace e serenità con ciò che realmente ci accade.

Scegliere di vedere le cose come dovrebbero essere e non come sono è pericoloso. Ci porta a trarre conclusioni sbagliate, quindi a prendere decisioni inopportune. Ci distrae dalle questioni effettive, perciò continuiamo a ripetere gli stessi errori senza mai risolvere il problema alla radice. Ci induce a demandare le responsabilità che abbiamo verso noi stesse e verso la qualità della relazione, finché diamo carta bianca al partner. E, quando le cose si mettono male, spesso ci paralizza al punto che non riusciamo a fare le mosse giuste. Quando crediamo che non vi sia nulla da fare per proteggerci (perché le cose purtroppo capitano, o perché lui è fatto così, o perché questa è la vita), ci esponiamo a una ridda di comportamenti negativi, che vanno dai maltrattamenti verbali alla violenza fisica vera e propria.

Pensiamo che in amore controllo e soprusi siano normali

Senza rendercene conto o comprenderne le ragioni, talvolta scegliamo un compagno che ci tratta esattamente come facevano i nostri genitori. Se siamo state abbastanza fortunate da crescere in un ambiente sano e affettuoso, saremo naturalmente attratte da relazioni che ricreeranno quel clima emotivo. Ma se, per esempio, la nostra famiglia è stata critica, assente o severa, quei comportamenti diventeranno parte della nostra definizione di amore, e cercheremo rapporti con persone che si comporteranno in quel modo. Quando mamma e papà ci facevano sentire infelici, insicure o piene di paura, spiegandoci poi: «Non lo avrei fatto se non ti volessi bene», ci istillavano la convinzione che soprusi e punizioni siano necessari a mantenersi entro i giusti binari, a permetterci di rimanere degne di amore. Purtroppo questa dinamica caratterizza molte relazioni tra gli uomini e le loro mogli e figlie, e probabilmente anche voi provenite da una casa in cui vigeva una forma più o meno stretta di controllo, per cui potreste considerare «essere controllate» un fatto normale. In passato, forse, la vostra esperienza si è limitata al rimprovero di vostro padre perché non avevate fatto i compiti, o alla critica nei confronti di vostra madre perché era sovrappeso. In ogni caso, è bene tenere a mente che normale non equivale a sano.

Ricordate Elena, che si prendeva cura dei genitori di Mauro, nonostante fosse vittima dei suoi soprusi verbali? Sulle prime, non era riuscita a comprendere in che modo lui la opprimesse. Ciò accadeva perché, per tutta la vita, era stata sgridata, umiliata e punita da persone che la amavano (i suoi genitori) e da altre che, le era stato spiegato, si comportavano così per il suo bene (gli insegnanti della scuola parrocchiale). Come le dissi, il modo migliore per cambiare il nostro modo di pensare è quello di concentrarci emotivamente sulle sensazioni che tali situazioni repressive ci hanno fatto provare, e ci scatenano tuttora. Dobbiamo fermarci prima di dire: «Ma...» e trovare una scusa alla persona dominante. Per esempio, a proposito di episodi della sua infanzia, Elena diceva spesso: «Certo, mia madre con me alzava la voce di continuo, ma so che mi voleva bene», oppure: «Sì, alla parrocchia ci picchiavano spesso, ma mi hanno dato la migliore educazione cui avrei mai potuto aspirare». Se riflettete su queste affermazioni, vedrete che le conclusioni non hanno alcuna connessione logica con le premesse. Un giorno le chiesi: «Voglio che rifletta su una cosa: che cos'ha a che fare un rimprovero con l'amore, o una punizione corporale con la qualità dell'istruzione? Nulla. Non c'è niente che chicchessia possa darle o fare per lei che gli dia il diritto di maltrattarla o picchiarla».

112

Quando le persone stabiliscono dei limiti corretti e solidi, anche le loro reazioni emotive li riflettono: sanno distinguere tra la causa di un comportamento violento di qualcuno (proviene da una famiglia autoritaria) e la sua giustificazione (non ne esistono). Considerano il dominio e il controllo abusi, e l'amore amore. Non li collegano, come avevano fatto Elena e Mauro. Non cadendo in questo errore, possono reagire adeguatamente a un atteggiamento negativo, cioè con rabbia, e non con incondizionato perdono.

Spesso siamo attratte dalla forza

La forza che ci attrae in un uomo in molti casi successivamente si manifesta sotto forma di controllo. Se comprendiamo e accettiamo questa idea, cogliamo sul nascere i segnali premonitori dei soprusi (si veda p. 123). Spesso cresciamo nella convinzione che gli uomini dovrebbero prendersi cura di noi, non importa se siamo già forti. Indipendentemente da quanto intelligenti, realizzate e sicure siamo, non di rado speriamo di trovare un compagno che ci sorregga quando le cose si fanno difficili. Come sappiamo, loro sono già fin troppo inclini a dominare e, se noi ci mostriamo disposte a cedere il controllo di parte della nostra vita, diamo via libera a interferenze e soprusi. Affidare esclusivamente al partner una qualsiasi area di responsabilità (finanziaria, emotiva, psicologica) distorce e squilibra la relazione.

Rifiutiamo di ammettere che le cose vanno male

Talvolta proteggiamo coloro che esercitano il controllo su di noi rifiutando di riconoscere un comportamento negativo per ciò che è, e trovando loro delle giustificazioni. Quando chiesi a Elena se Mauro l'avesse mai ferita emotivamente, mi rispose di no. Ma quando le domandai: «Davvero non ti ha mai ignorata per giorni, o criticata?» disse: «Naturalmente, ma lui è fatto così. E quando mi indirizza commenti sarcastici, so che in cuor suo la pensa diversamente».

Non considerando un giudizio pesante o cattivo per ciò che è in realtà, vi avventurate su un terreno sdrucciolevole. La differenza tra un appunto aggressivo e la violenza fisica è data esclusivamente dalla gravità della situazione. Non negherete che, una volta ammesso con voi stesse che così non va, vi sentirete a disagio finché non farete qualcosa per cambiare.

Presupponiamo di avere torto

Paradossalmente, le donne che non si assumono la responsabilità della propria vita spesso si ritengono colpevoli di qualunque abuso sia loro inflitto dal partner, e questo va ben oltre il giustificarlo. Per esempio, un giorno Mauro scoprì che il suo conto corrente era in rosso di duecento dollari.

Quando sventolò rabbiosamente l'estratto conto sotto il naso di Elena, lei ripassò mentalmente gli assegni che aveva staccato nell'ultimo mese. Le ci volle meno di un minuto per giungere alla conclusione che il denaro mancante era probabilmente quello di una donazione alla chiesa. Senza neppure controllare, dedusse di essere responsabile.

Non chiese a Mauro se per caso lui o la banca avessero commesso un errore (ed era andata proprio così); quella possibilità non le sfiorò neppure la mente. E, quando lui si infuriò, nessuno dei due pensò che avesse torto a comportarsi in quel modo. Elena balzò alla conclusione di avere sbagliato e accettò i rimproveri del marito.

Le martiri spesso si chiedono: «Che cosa ho fatto di male per meritarmi tanto?» «Che cosa non va in me?» «Come posso riconquistare il suo amore e la sua approvazione?» Credono che ogni errore sia dovuto a una loro mancanza e accettano di essere biasimate dal compagno, che non esita a scaricare la colpa su di loro. La prima domanda che si pongono, quando vengono criticate, è: Sono davvero così? Ho fatto una cosa simile? Di contro, quando gli individui dominanti si sentono attaccati, istintivamente si difendono e solo in seguito prendono in considerazione l'eventualità di avere sbagliato, se mai arrivano a farlo. Chi pensa di avere sempre torto, si flagella e mette il partner in una situazione di enorme vantaggio, perché non solo non scalfisce il suo potere, ma perde anche la stima di sé e viene meno ai propri principi, sgombrando la via a soprusi sempre più gravi.

Ci rifiutiamo di riconoscere che permettiamo dei comportamenti negativi

I soprusi possono essere bloccati solo da una dimostrazione di forza, che, a seconda della gravità della situazione, potrebbe essere una richiesta al partner di modificare il suo comportamento, o addirittura la decisione di porre fine al rapporto.

Le azioni sono molto più efficaci delle parole. Rimanendo con un uomo dopo che ha agito in modo scorretto, gli dite che tollererete altri episodi negativi. Decidere di non andarvene gli fa sapere che potrà continuare a maltrattarvi e gli offre anche altre opportunità di controllarvi e farvi del male.

So che la maggior parte delle donne ha grosse difficoltà ad afferrare questo concetto, ma la verità è che, se il vostro compagno non si convince che lo lascerete se non cambierà, le vostre lamentele non porteranno a nulla.

Continuiamo a piagnucolare e perdonare invece di combattere

Le martiri credono di esprimersi, controbattere e ripristinare l'equilibrio nella relazione brontolando, piangendo, rinfacciando, vendicandosi. Sono certe di poterla avere vinta solo così. Il problema è che, scegliendo armi inadeguate, non solo si votano a una nuova sconfitta, ma di solito danneggiano anche se stesse e il rapporto. Tali comportamenti allontanano e sminuiscono il compagno, calpestano i confini personali tanto necessari a un'unione sana e distruggono la sicurezza. E non c'è da sorprendersene: non funzionano, se non peggiorando la situazione.

Se siete ancorate a questi atteggiamenti, probabilmente pensate che la rabbia sia uno stato d'animo di cui non andare fiere, e che perdonare e dimenticare siano le soluzioni migliori.

Perché atteggiarsi a martiri distrugge l'amore

A prima vista, l'uomo che ha al fianco una donna capace di tollerare dei comportamenti negativi appare molto fortunato: lui prende e lei dà, convinta di lavorare per una ricompensa, vale a dire l'amore e l'approvazione dell'altro. Di fatto, però, il premio che riceverà per avere sopportato le angherie sarà incassato solo a patto di sopportare altri soprusi, anche se potrebbero perfino sembrare amore. Sembra illogico, ma, dal punto di vista del partner dominante, il ragionamento non fa una grinza.

Aldo e Giulia si sottoposero alla terapia nella speranza di salvare il loro matrimonio, che durava da ventiquattro anni; si erano messi insieme ai tempi della scuola superiore, avevano cresciuto due figli eccezionali, ma, negli ultimi tempi, avevano scoperto di essere delusi dalla loro relazione. Si erano separati perché, secondo Giulia, suo marito provava per lei solo disprezzo e permesso di fare le cose a modo suo e si era calata nella parte della moglie e madre premurosa. In passato, a volte lo aveva ammirato, altre lo aveva reputato un idiota; in quella fase della sua vita pensava di dover essere trattata con attenzione e amore. Si ritrovava invece ad affrontare la possibile fine di un rapporto che era diventato quasi come quello genitore-figlia e non aveva alcuna caratteristica di una relazione tra pari. Senza mai ribellarsi al marito, dandogli sempre ragione, sopportando le sue critiche e le sue reazioni furiose, gli aveva consentito di prendere il sopravvento. E ora lui stava per andarsene. Perché?

Aldo ammise di avere un brutto carattere e di avere dimostrato scarso rispetto nei confronti della moglie, giustificandosi: «Lei è sempre pronta a correggere quello che faccio, a dirmi ciò che dovrei provare, a psicanalizzarmi. Vorrei che smettesse di biasimarmi per tutto e si assumesse le sue responsabilità per ciò che avviene tra noi. Non si rende conto di quanto sia difficile essere costretti a prendere tutte le decisioni e poi sentirsi criticati ogni volta che le cose non vanno per il verso giusto. Lei è costantemente scontenta e delusa, ed è convinta che sia tutta colpa mia. Anch'io, di tanto in tanto, avrei bisogno di un po' di sostegno».

Sebbene Giulia fosse infelice per il modo in cui il marito la trattava, andava fiera di non avergli mai detto apertamente ciò che voleva, per poi attribuirgli la colpa della sua insoddisfazione. Per esempio, le sarebbe piaciuto ricevere dei fiori per il suo compleanno. Ovviamente, non si era presa la briga di dirglielo, ma poi la sera lo aveva incalzato: «Joe, che vuole bene a Catherine, le ha regalato delle rose». Lui, dopo essere rimasto per un po' a osservare il suo broncio, si era preparato a uscire per andare a comprargliele, pensando di renderla felice. Ma Giulia lo aveva attaccato: «Se stai andando a prendere i fiori, lascia perdere. È troppo tardi, non li voglio più».

Quando le spiegai che anche lei aveva contribuito ai loro problemi, se la prese e minacciò di interrompere la terapia perché io non riuscivo a comprenderla. «Lei non capisce; io non ho avuto scelta. Il comportamento di Aldo è intimidatorio, mi dice che il suo modo di vedere le cose è il migliore e, se io non sono d'accordo, non cede finché non mi dichiaro (o mi fingo) convinta. Così, me ne sto tranquilla e gli lascio credere di essere nel giusto.»

Quando finalmente le feci ammettere che non sempre lui aveva ragione, le chiesi perché si fosse lasciata intimidire. «È più facile abbassare la testa che litigare con lui», fu la sua risposta. Giulia non si convinse nemmeno dopo che le ebbi suggerito come costringere Aldo ad abbandonare certi atteggiamenti, magari andandosene quando lui la rimproverava aspramente. «Non dovrei essere costretta a ricorrere a simili mezzi. Lui dovrebbe sapere che non mi piace essere trattata male.» Nel profondo di se stessa, era sicura che esprimere la sua rabbia fosse sbagliato. Essendo rimasta ferita dall'implacabile collera del padre e poi da quella del marito, da tempo aveva deciso di non fare come loro, e si era ritrovata assolutamente priva di difese.

Rendersi conto di avere a sua volta fomentato il comportamento negativo del marito servì ad aprirle gli occhi. Iniziò a tenergli testa, ma ormai era troppo tardi; alla fine, Giulia divorziò e riprese il controllo della sua vita. Pur non essendo riuscita a salvare il suo matrimonio, giurò che non avrebbe mai più messo un uomo su un piedistallo, né si sarebbe aspettata che le leggesse nel pensiero, né si sarebbe atteggiata a martire.

L'esperienza di Giulia e Aldo ci illustra una grande verità: le persone ci trattano a seconda di come noi agiamo. Se facciamo le vittime, le martiri, le brontolone, saremo trattate come tali. Rinunciando alla sua parte di responsabilità e controllo, Giulia era divenuta come una bimba, e il marito l'aveva considerata tale. Per poter esigere un cambiamento da parte di Aldo, lei aveva prima dovuto modificare se stessa e tornare a comportarsi da adulta. Le martiri sono spesso riluttanti a farlo, perché sanno che così acquisiranno la consapevolezza di essere le uniche responsabili della loro vita.

Di solito ci concentriamo di più sulle vittime dei soprusi, ma dobbiamo sempre rammentare che l'individuo dominante spesso non conosce altri atteggiamenti. Da quanto ho osservato nell'esercizio della mia professione, lui non è più felice della partner sottomessa, bensì altrettanto confuso e insoddisfatto, anche se per ragioni diverse. Ogni qualvolta un uomo controlla la compagna o la tratta male, in seguito prova rimorso e pensa di avere perso il suo amore, ma è lui il primo a essere incapace di cambiare. Se sceglierà di comportarsi più correttamente, sulle prime potrebbe sentirsi scontento, ma, con il tempo, migliorerà l'opinione che ha di se stesso e della partner.

Come smettere di atteggiarsi a martiri

Per abbandonare l'abitudine a sacrificarsi bisogna lasciarsi alle spalle illusioni, giustificazioni e favole e iniziare a vedere le cose per come sono, non per come si vorrebbe che fossero. Ripetetevi di continuo che avete in mano la vostra vita, e nessuno ha né il diritto, né motivi validi per imporsi su di voi. Giurate che non permetterete più al partner di abusare di voi e vi opporrete a chiunque tenterà di controllarvi in qualsiasi modo. Esprimete i vostri problemi, desideri e progetti attenendovi ai quattro passi per una sana comunicazione.

Attribuitegli la responsabilità delle critiche che vi rivolge

Le martiri spesso chiedono al compagno di rivolgere loro delle critiche, perché si sentono inadeguate e credono, a torto, che le osservazioni altrui le aiuteranno a migliorarsi. Sfortunatamente, però, queste donne fondano la stima in se stesse sull'opinione che gli altri hanno di loro. Il problema, in questo caso, è che le persone ci giudicano secondo un sistema di valori che non è il nostro. Per esempio, Beth, una mia cliente, si sente felice e realizzata dalla sua professione di maestra d'asilo, perché è convinta di svolgere un compito importante. Il suo compagno Patrick ritiene invece che sia sottopagata per lavorare in un campo decisamente poco interessante, e che stia «sprecando» il suo talento e il suo tempo.

Ma lei ha una buona autostima, e le opinioni del partner (perché, in fin dei conti, solo di opinioni si tratta) non la preoccupano; è convinta dei suoi valori e delle sue scelte, e glieli ribadisce. In una martire, invece, commenti di questo genere innescherebbero dubbi e perdita della fiducia in se stessa; non sarebbero recepiti come pareri, che tutti siamo liberi di esprimere, ma come la verità ultima, un giudizio inappellabile.

Indipendentemente da quanto vi amate, né voi né il vostro compagno avete il diritto di giudicare le decisioni personali dell'altro. Per esempio, dopo qualche mese che Elena si sottoponeva alla terapia, suo marito Mauro la definì una «cattiva moglie» e una «stupida» riguardo alle questioni economiche. Invece di prendere le sue parole per oro colato, lei gli chiese di descriverle esattamente in che modo il suo comportamento avesse ripercussioni negative su di lui. Così facendo, voleva costringerlo ad ammettere i suoi veri sentimenti, impedendogli di sputare sentenze arbitrarie.

Ammettete la vostra parte di torto e chiedetegli di fare altrettanto

Se è il vostro compagno a controllare la relazione, o se vi ritrovate a subire maltrattamenti di qualsiasi natura, anche voi avete sbagliato, nonostante vi diate delle giustificazioni. So che per alcune ciò può essere difficile da accettare, ma non vergognatevene; tutte, a volte, consentiamo dei soprusi. Finché non ammetterete la vostra parte di responsabilità in ciò che accade, non riuscirete neppure a cambiare la situazione.

Riconoscete i primi segnali della tendenza a prevaricare, e bloccateli

Sacrificarsi vuol dire accettare di subire una violenza, cioè una qualsiasi cosa spiacevole o dolorosa, comprese critiche, indifferenza, offese, tentativi di mettervi in imbarazzo. Quando qualcuno vi ferisce, bloccatelo fin dalla prima volta. Ricordate che il partner imparerà a rispettare i vostri limiti dalla reazione che avrete, o dalla mancanza di reazione. Se sottovaluterete degli incidenti che potrebbero essere segnali premonitori – specialmente quelli che ritenete lievi –, autorizzerete l'altro a riproporre i comportamenti scorretti, e forse anche ad aumentarne l'intensità. I piccoli soprusi non dovrebbero mai essere ignorati, perché quasi invariabilmente conducono a episodi più gravi.

Di solito il primo stadio della prevaricazione sono le critiche. Molti ritengono che si debba accoglierle, se non si vuole sembrare deboli, ma non è vero, anzi, è esattamente il contrario. Ci vuole una grande forza per farsi sentire, per chiarire al compagno che accetterete ciò che lui prova riguardo alle vostre azioni, ma non un giudizio di merito. I commenti di questo tipo sono opportuni solo nel caso in cui siano richiesti e costruttivi, oppure fatti allo scopo di stimolare a raggiungere un obiettivo (come migliorare l'apprendimento scolastico o il rendimento professionale).

Alcune coppie riescono a trovare il modo per farsi, con molto tatto, delle critiche utili. Conosco una donna convinta che, in materia di abbigliamento per il lavoro, non esista arbitro migliore del suo compagno; non chiede il suo parere ogni volta che si prepara per andare in ufficio, ma accetta sempre con piacere i suoi commenti. E so di un'altra coppia in cui il marito, Mark, ha incaricato la moglie Jenny di fargli notare quando parla troppo di lavoro durante le serate con gli amici. Queste sono forme affettuose e valide di critica, perché sono state tacitamente o apertamente richieste, sono neutre, in quanto riguardano un oggetto o un comportamento (e non un tratto caratteriale), e sono mosse al fine di aiutare l'altro, non di umiliarlo.

Quando i commenti sono rivolti alla nostra personalità, invece che a quello che abbiamo fatto, detto, indossato, cucinato, pulito e così via, oltrepassano il limite e divengono sospetti. Di solito sono espressi in tono perentorio, sarcastico, arrabbiato o condiscendente, e sono inaccettabili in qualsiasi circostanza. Contrariamente a ciò che credono coloro che ricorrono a questa forma di controllo, non sono mai mirati al bene del partner, mai offerti per amore, e, soprattutto, mai legittimi. Chi vi critica in maniera aggressiva, ingiustamente e trinciando giudizi, vi sta dominando.

Se lui non apprezza qualcosa che avete detto o fatto, dovrebbe limitarsi a esprimere la sua opinione. Per esempio, dovrebbe dirvi: «Quando trascuri in questo modo la casa, sento che non ami abbastanza me e i bambini», e

Comportamenti del partner che potreste non identificare come soprusi

- Criticare o esprimere giudizi negativi contro di voi, i vostri famigliari, amici, colleghi o qualunque altra persona o cosa vi stia a cuore;
- Darvi tutta la colpa, senza mai riconoscersi una parte di responsabilità;
- Insistere che facciate sempre le cose a modo suo, che andiate dove vuole lui e frequentiate le persone che gli piacciono;
- Impartirvi degli ordini invece di chiedervi gentilmente le cose;
- Esigere che gli rendiate conto di ogni istante trascorso lontano da lui;
- Lamentarsi di voi in vostra assenza con i famigliari e gli amici;
- Apostrofarvi spesso in modo umiliante, condiscendente o sarcastico;
- Essere geloso e possessivo;
- Allontanarvi dalle persone che vi sono care;
- Urlare, insultarvi e/o danneggiare le vostre cose (lanciare oggetti contro i muri, rompere le stoviglie e così via).

non: «Sei una sciattona disgustosa!» Oppure: «Sono preoccupato perché ho la sensazione che il sesso non ti interessi più come un tempo. Vuoi parlarne?» invece di: «Che diavolo hai? Sei diventata frigida?» Le differenze tra i due stili di comunicazione sono molto evidenti, proprio come lo sono gli intenti.

Imparate a individuare la sua insicurezza

Le persone insicure spesso cercano di imporsi sugli altri. Dal momento che tutte, di tanto in tanto, non ci sentiamo all'altezza, spesso simpatizziamo con coloro che ci appaiono simili a noi, in particolar modo se ci sembrano deboli, passivi o timorosi. Quando incontriamo un individuo apparentemente aggressivo e dominante, non sempre riconosciamo ciò che si nasconde dietro la facciata.

In realtà, un compagno dominante tenta di intimidire per mascherare la debolezza, non perché è forte. Usa la critica come un'arma per prendere le distanze, pensando inconsciamente che, più vi terrà lontane, più vi celerà i suoi difetti. Ci riesce? Sì, perché rifiutandovi fa leva sui vostri meccanismi di accettazione, inducendovi a desiderare anche più accanitamente la sua approvazione. Ovviamente, queste dinamiche non sono favorevoli a voi, ma si adattano a pennello a lui, che può mantenere in piedi il suo muro, mentre voi abbassate le difese.

Se invece riuscirete a vedere i suoi tentativi di criticarvi, intimidirvi e deridervi per ciò che sono in realtà, vi risulterà assai più semplice stabilire dei limiti e difendervi. Ricordate, ogni volta che sceglierete di non rimproverarlo per il suo comportamento inaccettabile, lo autorizzerete a ripeterlo. Se gli consentirete di rivolgervi dei commenti sprezzanti senza spiegargli che il suo atteggiamento è fuori luogo, non solo lo inviterete a continuare a umiliarvi, ma rafforzerete anche la sua convinzione che siate pigre, stupide, sconsiderate e così via. Rammentatevi dei vostri punti di forza e delle sue debolezze, e fatelo scendere dal piedistallo.

Per strano che possa sembrarvi, un uomo abituato a controllare e intimidire potrebbe reagire positivamente verso una compagna che gli tiene testa, e arrivare a rispettarla e a farvi affidamento. Ogni volta che affrontate il partner, specialmente all'inizio di una relazione, rischiate di essere abbandonate. Se ciò avvenisse, per lo meno ve ne andreste conservando intatta la stima di voi stesse. Se invece lui scegliesse di modificare i suoi atteggiamenti prevaricatori, non sorprendetevi se la situazione si ribaltasse e lui iniziasse a cercare il vostro amore e la vostra approvazione.

Siate la donna forte che potete essere

Sicuramente nella vostra vita ci sono state occasioni in cui vi siete dimostrate forti. Forse avete dovuto proteggervi da qualcuno, o avete preso le difese di una collega di fronte al capo, o affrontato un ex compagno che tentava di controllarvi. Tutte ci siamo trovate in situazioni in cui abbiamo saputo sfruttare favorevolmente il momento, magari sorprendendoci di noi stesse. Ripensate a quelle circostanze e a come vi sentivate; sappiate che potete dimostrarvi altrettanto coraggiose e capaci in qualsiasi istante.

Nel capitolo precedente ho avuto modo di spiegarvi la mia opinione sugli ultimatum ma, dal momento che molte sono contrarie a darli, credo valga la pena ribadire alcuni concetti. Non c'è nulla di male nell'esprimere la rabbia o nel far sapere al partner quali conseguenze rischia rifiutandosi di cambiare. Anzi, forse questa potrebbe essere proprio la leggera spinta di cui ha bisogno. D'altro canto, è possibile che ricevendo un ultimatum lui si senta autorizzato a interrompere la relazione. In tal caso, sarete libere di guardare avanti, sapendo che da quell'uomo non avreste mai avuto il rapporto soddisfacente, paritario, che desiderate.

Affrontate il partner e stabilite dei limiti

Come regola generale, dovete imparare a stabilire e far rispettare i vostri confini, specialmente nei confronti del partner. Quando lui si comporta in maniera inaccettabile nei vostri confronti, fateglielo notare. Utilizzate i quattro passi per una comunicazione sana per comunicargli che non tollerate i suoi metodi.

Segnali dell'insicurezza del vostro compagno

- Ha pochi amici.
- Fa quasi sempre il duro e reagisce in modo eccessivamente aggressivo con chiunque lo irriti o tenti di scavalcare il muro che ha eretto.
- È intransigente, e spesso parla di ciò che voi e gli altri dovreste o non dovreste fare.
- Non sa essere spontaneo; il minimo cambiamento di programma lo infastidisce.
- Continua a cercare l'approvazione dei genitori in ogni cosa; è convinto che la famiglia venga prima di tutto e la difende anche se ha torto.
- È incapace di comunicare i suoi stati d'animo; spesso vi dice che non c'è nulla che non va, ma brontola per giorni interi.
- Mantiene il riserbo sul suo passato, la sua situazione finanziaria, gli amici, la famiglia, il lavoro.
- Tenta di controllare voi e gli altri, in modo da non essere a sua volta controllato; le persone hanno imparato a dargli ampio margine di manovra e a giustificare i suoi comportamenti scorretti.
- La sua storia sentimentale è costellata di donne che «non lo capivano», «avevano sempre torto», e «non lo amavano davvero», anche se lui «faceva di tutto» per loro.

Per evitare che i limiti che fisserete diventino un altro pretesto per incolparlo degli aspetti della vostra vita che voi stesse rifiutate di controllare, chiedetevi quanto segue:

- Essere in collera con lui mi dà una sensazione di controllo, potere, liberazione? Se sì, per quale motivo? Da dove deriva questa sensazione, e che cosa posso fare al riguardo?
- Gli ho comunicato in modo chiaro e deciso che non accetterò il suo comportamento negativo? O sto tentando

di aggirare l'ostacolo dicendo cose che in realtà non penso, o non parlandone affatto?

- Gli ho spiegato il mio punto di vista con fermezza, dandogli un giusto avvertimento, in modo da fargli comprendere e temere l'eventualità di una rottura?
- Quali azioni posso intraprendere immediatamente per convincerlo che non accetterò più il modo in cui spesso mi tratta?

Una volta che siete certe di avere fatto ordine nei vostri stati d'animo, ditegli che cosa provate, e descrivetegli con precisione quali conseguenze può aspettarsi se oltrepasserà ancora i limiti.

Assumetevi maggiore responsabilità e controllo sulla vostra vita, non sulla sua

Fate chiarezza nella vostra esistenza. È molto difficile trasmettere forza e sicurezza in un confronto con il partner, se temete che una rottura potrebbe lasciarvi senza denaro, affetti, lavoro, e/o amici. Quale che sia la sfera della vostra vita su cui non avete controllo – fisica, economica, emotiva o sociale – quello è il tallone di Achille cui lui e gli altri mirano per dominarvi. Siate oneste nel valutare i vostri punti di forza e di debolezza. Se avete la necessità di assicurarvi un futuro senza problemi di natura finanziaria, è bene che vi troviate un'occupazione, e/o che consultiate un legale per tutelarvi nell'ambito del matrimonio. Se sentite di avere bisogno di supporto psicologico, chiedete aiuto agli amici e alle persone care. Se tutta la vostra vita sociale è imperniata sulla famiglia, le conoscenze e i colleghi di vostro marito, cominciate a costruire una vostra rete di riferimento.

Ritagliatevi del tempo per rimanere sole, per riflettere su come la vostra vita potrebbe essere migliore senza il partner. Per quanto moltissime donne possano onestamente e giustamente attribuire il declino della relazione ad altri fattori, alla fine se ne vanno con il segreto dubbio di avere fallito come persona. Quello è il momento di rammentare a voi stesse i vostri pregi. In un periodo di grande insicurezza, causata dal fatto che la mia storia sentimentale si stava concludendo, mi dissi: «Sei attraente, intelligente, e sicura» (le tre cose che meno pensavo di me stessa). Me lo ripetei cento volte, e all'ottantasettesima iniziai a crederci davvero. Sentendomi più forte, mi avventurai nel mondo e incontrai un uomo che si comportò in modo meraviglioso.

Un'ultima parola sui martiri

Non solo il sacrificio è distruttivo e frustrante, ma anche assai poco attraente. Può darsi che vi sentiate insicure, e che il partner contribuisca ulteriormente al vostro disagio, ma la verità è che spesso gli individui dominanti sono molto meno forti di quanto immaginiate, persino meno di voi. La grande differenza sta nel fatto che lui nasconde le sue paure molto meglio di voi, dietro una barriera di critiche, controllo e prevaricazioni. Smettete di accettare la sua versione di chi siete, infarcita di giudizi negativi. A dispetto di ciò che lui o altri possano credere, siete meravigliose. Nessuno che abbiate incontrato o che incontrerete ha il diritto di trattarvi male. Quando il compagno vi critica per mettervi in difficoltà, non aspettate che sia lui a migliorare il vostro stato d'animo: afferrate le redini e pensateci voi. Il modo migliore per iniziare è affrontarlo, fissare dei limiti, passare alle vie di fatto se lui li oltrepassa, cercare delle persone che vi trattino bene e non voltarvi mai indietro.

6

Errore numero quattro: partire dal presupposto di avere sempre ragione

NON molto tempo dopo che Alan e io avevamo iniziato a frequentarci, ci ritrovammo a cucinare la nostra prima cena insieme. Lui stava preparando il purè e, quando notai che tagliava a fette le patate crude invece di farle a tocchetti, sbottai: «Ma non si fa così!» Sbalordita dalla consapevolezza di essermi comportata come mia madre, compresi immediatamente di avere sbagliato. «Mi dispiace», mi scusai, «non riesco a credere di avere detto una cosa simile. Puoi fare a modo tuo, non ha alcuna importanza. Che cosa diavolo mi è passato per la testa?» Perché proprio io avrei mai dovuto azzardarmi a spiegare ad Alan come si cucina? Non sono una brava cuoca, e non sopporto quelli che hanno la verità in tasca. E poi, chi se ne frega di come si tagliano le patate!

Vi ho raccontato questo episodio perché illustra alcune delle difficoltà che si incontrano a riconoscere e correggere un atteggiamento presuntuoso. A volte ci è talmente naturale comportarci in maniera arrogante che non ce ne rendiamo neppure conto. Inoltre, molti di coloro verso cui lo facciamo – specialmente il partner – credono che non ci sia nulla di strano nell'agire così con qualcuno cui si vuole bene. Ciò non significa che ne siano contenti, anzi, è probabile che non lo siano affatto. Tuttavia, ancora una volta siamo ostaggi di convinzioni errate e antiquate sulla natura umana e sull'amore. Crediamo che amare qualcuno ci dia il diritto di criticarlo, correggerlo e, nel caso in cui lui non agisca o pensi come noi crediamo opportuno, anche di punirlo. Perché? Beh, perché abbiamo ragione. Invece no.

Le persone che partono dal presupposto di essere sempre nel giusto divengono dominanti e danneggiano la relazione umiliando, insultando e castigando il partner. Talvolta lo fanno intenzionalmente, ma più spesso agiscono secondo dinamiche molto complesse e sottili, e non si rendono conto delle conseguenze del loro atteggiamento. I comportamenti di questo genere vanno dalle offese apparentemente insignificanti – interrompere l'altro, lamentarsi – ai costanti soprusi psicologici, addirittura alla violenza fisica. Tutto ciò sbilancia la relazione e soffoca inevitabilmente l'amore perché, ogni volta che le parole o le azioni trasmettono il messaggio: «Io ho ragione», il poscritto, anche implicito, puntualizza: «E tu hai torto».

Una dozzina di «non» nella comunicazione

1. Non criticare.
2. Non dare consigli.
3. Non interrogare.
4. Non isolare.
5. Non brontolare.
6. Non minacciare.
7. Non incolpare.
8. Non intimidire fisicamente.
9. Non esercitare pressioni.
10. Non infastidire.
11. Non giudicare.
12. Non manipolare.

Perché credere di avere ragione è sbagliato

Probabilmente vi state dicendo: «Ma spesso ho le risposte giuste, non sono presuntuosa». E non vi sbagliate. Può darsi che la sappiate davvero lunga, che quasi sempre arrivate alla migliore conclusione. Nella relazione, voi e il partner potreste avere deciso di fare affidamento l'uno sull'altra a seconda delle rispettive competenze: lui potrebbe essere esperto di cucina, voi potreste avere il pallino per gestire i risparmi. Forse in questi campi andate a caccia dei consigli e della collaborazione dell'altro, e ve li scambiate liberamente allo scopo di aiutarvi. Ciò cui mi riferisco in questo caso, invece, è la pretesa persistente, quasi automatica, di essere le sole a possedere la soluzione giusta a ogni problema della vita, dal modo migliore di tagliare le patate, a come il compagno dovrebbe comportarsi nei vostri confronti. Potreste commettere questo errore se:

- Criticate, sminuite e/o umiliate il vostro compagno: «Sei troppo stupido per capirlo!»
- Lo giudicate e tentate di comandarlo come se fosse un figlio: «Dovresti chiamare tua madre», «Non dovresti agire così», «Dovresti avere più voglia di stare con me».
- Parlate con condiscendenza, consigliandolo, pontificando e/o impartendo ordini: «Dovresti proprio cambiare lavoro», «Sarebbe meglio se tua madre non venisse da noi così spesso, riesce solo a deprimerti».
- Gli fate capire che non siete interessate a ciò che vuole comunicarvi interrompendolo, cambiando argomento, ignorandolo.
- Ammettete raramente, forse mai, i vostri errori o problemi, o tentate di minimizzare ciò che avete detto: «Non era mia intenzione dire una cosa del genere ma, anche se lo avessi fatto, dovresti sapere che volevo».
- Fate commenti sessisti che indirettamente lo umiliano: «Perché mai dovrei sorprendermi? Ti stai comportando come tutti gli uomini, non ti pare?»
- Tentate di intimorirlo per averla vinta: «È meglio che tu rifletta su quello che ti ho detto, prima di provarci».

131

- Lo minacciate, prospettandogli conseguenze spiacevoli se non seguirà i vostri consigli o non farà a modo vostro: «So che non hai voglia di tornare a scuola. Quando avrai dei problemi, non venire a raccontarli a me; non ne voglio sapere nulla».
- Quando ha torto, reagite sempre facendogli notare: «Te l'avevo detto».

Quando ci comportiamo così, neghiamo al nostro uomo il rispetto e la tolleranza che, come chiunque altro, merita. Indipendentemente da quanto profondo sia l'amore, non esisteranno mai due persone con le stesse idee, opinioni e sentimenti; il fatto che il vostro compagno concordi con voi non significa che vi ami più di quanto farebbe se dissentisse.

Spesso, quando sottolineo questo concetto alle clienti, loro mi danno a intendere di sapere che due individui non possono andare d'accordo su tutto, ma, quando escono dal mio studio, si aspettano che il partner veda le cose a modo loro. Se razionalmente sappiamo che il modo in cui l'altro taglia le patate è irrilevante, così come lo sono le sue idee politiche o l'opinione su questioni che non hanno ripercussioni dirette sul rapporto, perché ci ostiniamo a discuterne, tentando di imporre il nostro punto di vista?

Ambra e Ivo erano sposati da dieci anni e avevano impostato la loro relazione in maniera tradizionale: lui lavorava e manteneva la famiglia, lei rimaneva a casa per prendersi cura dei due figli e sbrigare le faccende domestiche. Per la maggior parte della loro vita in comune, entrambi avevano interferito nel metodo di lavoro dell'altro. Ivo, per esempio, ripeteva costantemente a Ambra come doveva pulire la casa, in quale ordine sbrigare le commissioni e dove piantare i fiori. Se gli si chiedeva per quale motivo interferisse, lui spiegava che si limitava ad aiutare la moglie facendole notare gli errori, perché in seguito le fosse più semplice evitarli. Com'è prevedibile, i due litigavano, poi lei faceva a modo suo, e a lui non rimaneva che aspettare che qualcosa andasse storto, per poi commentare: «Te l'avevo detto...»

Come molte persone, Ivo era davvero convinto che esista un solo modo per fare le cose. Nel corso di una seduta, lui e Ambra litigarono per stabilire se la lettiera dovesse essere pulita a mano a mano che il gatto la usava oppure no. Quando dissi che si trattava di una scelta personale, lui se la prese con me: «Tutti sanno che quelle lettiere possono essere pulite di volta in volta!» Si era addirittura procurato un valido argomento a suo sostegno: dal momento che era l'unico in famiglia a guadagnare, e dato che sostituire contemporaneamente tutta la sabbia, come avrebbe preferito sua moglie, era meno economico, si sentiva giustificato a perorare la sua causa.

È senz'altro vero che sbarazzarsi di tutta la lettiera in una volta implica una spesa maggiore, ma le vere ragioni per cui Ivo se la prendeva con Ambra erano il risentimento e la mancanza di rispetto accumulati perché lei non era, nella sua opinione, un membro valido e produttivo della società, una persona economicamente indipendente. Si era spesso tradito lasciandosi sfuggire che la moglie avrebbe potuto dire la sua sulle questioni di denaro solo il giorno in cui avesse portato a casa uno stipendio.

Lui era sicuro di avere dissimulato i suoi sentimenti, ma Ambra aveva ricevuto il messaggio forte e chiaro; si era sentita disprezzata e, di conseguenza, si era vendicata entrando in competizione con il marito. Per esempio, quando Ivo aveva ottenuto una promozione, che gli richiedeva qualche viaggio ma triplicava le entrate, non si era dimostrata entusiasta come lui si sarebbe aspettato, né lo aveva sostenuto. Tutt'altro: era gelosa. Quando lui si lamentava di essere stanco o di quanto fosse pesante il lavoro, era pronta a ribattere: «Di che cosa ti lagni? Probabilmente ti sei preso una pausa di due ore in un ristorante elegante con una cliente niente male, o magari hai giocato a golf!» Invece di offrirgli il suo aiuto, sembrava godere di qualunque cosa gli andasse storta.

Come suo marito, Ambra aveva un elenco di rimostranze inespresse. Non gli aveva mai confessato di provare rancore per il fatto di essere bloccata a casa o di fare da autista ai figli mentre lui era impegnato fuori, nell'eccitante mondo degli affari. Invece, aveva iniziato a perseguitarlo, tentando di farlo sentire in colpa per la soddisfazione che il nuovo lavoro gli procurava, accusandolo di non partecipare abbastanza alla vita familiare e di non dedicarsi a lei. Gli diceva continuamente che cosa avrebbe dovuto fare per essere un marito e padre migliore. Vi riporto una delle loro discussioni:

AMBRA: Durante il fine settimana, un buon marito dovrebbe stare a casa per dare una mano a sbrigare le faccende. Mi avevi detto che avresti pulito il garage.

IVO: Santo cielo! Guadagno un sacco di soldi e posso pagare qualcuno che se ne occupi.

AMBRA: Non è questo il punto. Dovresti comportarti come se facessi parte della famiglia. Voglio che partecipi a ciò che facciamo, non mi interessa quanti soldi puoi spendere.

IVO: D'accordo. Ci sarò anch'io. Oggi, invece di andare a giocare a golf, faremo qualcosa di divertente tutti insieme, va bene?

AMBRA: Questo non risolve il problema del garage. Piuttosto di fare quello che dovresti per dimostrarti un buon marito e un padre decente, chissà che cosa inventeresti…

IVO: Metterò ordine in quel maledetto garage!

Fintanto che Ambra e Ivo si comportarono così, il loro conflitto peggiorò, e nessuno dei due ottenne ciò che realmente voleva. Durante la terapia, entrambi ammisero di avere tratto dalle famiglie di origine le regole che avevano imposto al loro rapporto. Non si erano mai chiesti se davvero credessero nei compiti che avevano assunto, né avevano pensato di organizzare le cose in maniera diversa per soddisfare i loro desideri. Quando chiesi loro se avessero voluto un matrimonio simile a quello dei genitori, risposero energicamente di no.

I due partner lottarono molto a lungo, e più di una volta arrivarono sul punto di separarsi, ma con la terapia riuscirono a farcela. Finalmente si confessarono i loro veri stati d'animo, accantonando critiche e lamentele. Ivo spiegò alla moglie che aveva la sensazione di non essere importante per lei, Ambra gli rivelò di desiderare che lui facesse parte «della squadra di casa». Lui le suggerì di trovare un lavoro e di concentrarsi sulla sua soddisfazione personale, lasciando da parte le gelosie. Sulle prime lei oppose resistenza, ma in ultimo comprese il punto di vista del marito e ammise di desiderare una vita fuori della famiglia. Si scusò per essersi comportata come una madre nei suoi confronti, e lui le chiese perdono per avere agito come un padre. Una volta sviscerati i problemi reali, fu molto più facile sbarazzarsi delle inezie; Ivo decise persino che non gliene importava più nulla della lettiera per il gatto.

Perché abbiamo bisogno di avere ragione

Tentiamo di compensare le insicurezze

Tutte abbiamo i nostri punti deboli, ed è normale tentare di nasconderli. Comportarci come se sapessimo più degli altri ci dà la momentanea illusione di essere più forti, più intelligenti, in qualche modo migliori. Talvolta la gente crede nella nostra messinscena, e così noi scopriamo un meccanismo di difesa che in seguito riproporremo in continuazione.

Sfortunatamente, distrarre gli altri dalla nostra reale identità li mantiene anche a distanza. È impossibile dare vita a una relazione intima con qualcuno che continua a nascondersi dietro una maschera di presunzione.

Pensare di avere sempre ragione è un'abitudine che abbandoniamo con grande difficoltà, perché i genitori, gli insegnanti e altre figure autoritarie ci spronano a coltivarla e ci premiano se la perfezioniamo. Continuamente messe a confronto con i nostri compagni o fratelli, ben presto impariamo ad accattivarci simpatie mostrandoci competitive. Ognuna di noi possiede capacità diverse e un'intelligenza peculiare, ma tali qualità spesso rimangono poco sfruttate e scarsamente apprezzate perché tutti i nostri sforzi si concentrano sull'avere intellettualmente o moralmente ragione. Le ricompense per doti non meno importanti (tolleranza, maturità, buona capacità di giudizio, flessibilità, imparzialità) non sono altrettanto ovvie o immediatamente disponibili di quelle che otteniamo per il fatto di avere ragione (la promozione, la vittoria in una gara e così via).

Ci sembra di comportarci bene

Quando troviamo da ridire su abitudini del partner che hanno scarsa rilevanza – schiacciare al centro il tubetto del dentifricio, o riporre nel freezer le vaschette per il ghiaccio semivuote, o scegliere il tipo di margarina che non ci piace – può darsi che lo facciamo perché abbiamo osservato uno dei nostri genitori, di solito la madre, esercitare la sua autorità nell'unico ambito in cui aveva influenza (vale a dire, sulla casa e sui figli).

Riproponiamo inconsciamente nella relazione un comportamento che ci sembra normale, ma è scorretto. Adottiamo con il compagno le dinamiche assimilate durante l'infanzia, e raramente ce ne chiediamo il motivo. Gli uomini ci seguono su questa strada, perché anche loro hanno imparato dai genitori, hanno ricevuto le stesse lezioni, hanno assunto la parte del marito-padre più o meno come noi ci siamo calate in quella di moglie-madre. Entrambi facciamo ciò che ci è stato insegnato. Ma ricordate che non potete fare da mamma al vostro partner senza trattarlo come un figlio, e questo è il modo più sicuro per spegnere amore e passione.

Crediamo che la strada giusta sia una sola

Molti sono persuasi che i concetti di giusto e sbagliato siano assoluti e fuori discussione, in particolare quando si parla di religione e politica, ambiti in cui si possono trovare una collocazione e un'identità a seconda delle proprie convinzioni. Con tanti punti di vista su ogni argomento, sembrerebbe impossibile immaginare che esista un'unica verità, tuttavia, c'è chi ne è convinto, e ritiene in errore chiunque non la segua. Questa è la «logica» che alimenta il razzismo, il sessismo e l'omofobia: credersi dalla parte della ragione conferisce l'autorità morale, persino l'obbligo, di criticare e punire il diverso.

Generalmente, chi ha convinzioni tanto estreme sceglie un partner che le condivide. Altri, dopo essere cresciuti seguendo regole molto rigide, le ripudiano, ma si portano dietro l'abitudine di vedere le cose o bianche o nere. In altre parole, magari abbandonano la strada indicata dai genitori, ma considerano quella imboccata in seguito l'unica accettabile. Per esempio, Teo, un impiegato trentenne, era rimasto disgustato dal bigottismo della madre, tanto da proibire in seguito qualsiasi tipo di fede religiosa ai suoi famigliari.

È importante tenere a mente che le persone tenacemente aggrappate a definizioni restrittive ed estreme di giusto e sbagliato lottano per qualcosa che va oltre la difesa di un'opinione o un ideale. Più spesso di quanto si pensi, credono che sia in discussione la loro stessa identità, e il bisogno di proteggerla si estende anche a questioni poco significative.

Noi pensiamo di continuo in termini di ragione e torto, anche affrontando argomenti su cui non abbiamo fatto alcun investimento emotivo. Prendete due persone che discutono sugli spaghetti al dente, sulla scelta del bianco per l'abito da sposa, o sul fatto che sia giusto o sbagliato permettere ai bambini di rivolgersi agli adulti chiamandoli con il nome di battesimo.

Certo, una delle alternative potrebbe essere più accettata socialmente, più in linea con la tradizione, o più comune, ma ciò non la rende giusta, né la persona che deciderà di percorrere un'altra via avrà necessariamente torto.

Vogliamo avere il controllo sugli altri

Abbiamo imparato a credere che controllare gli altri ci avrebbe conferito una maggiore padronanza della nostra vita, ma, di fatto, raramente è così. Ne ricaviamo solo maggiori responsabilità e più motivi di risentimento nei confronti di coloro sui quali riusciamo a esercitare la nostra influenza.

Il potere – come capacità di condizionare, guidare o dettare i termini della relazione – è l'oggetto ultimo del contendere di ogni rapporto. La tendenza a dominare si manifesta fin da quando incontriamo un uomo che ci piace e valutiamo se va «abbastanza bene» per noi. La capacità di dare un orientamento e una direzione tende a diminuire a mano a mano che i componenti della coppia si fanno un'idea più chiara dei rispettivi caratteri, limiti e convinzioni. In alcune circostanze potrebbe essere opportuno un controllo maggiore da parte di uno dei partner, o una divisione delle parti a seconda degli ambiti di competenza. Alla fine della giornata, in ogni caso, i conti dovrebbero tornare in pareggio.

Michael e Colleen, prima di sposarsi, avevano vissuto felicemente insieme per quattro anni. Entrambi intorno ai venticinque anni, adoravano uscire, spendere, organizzare all'ultimo minuto viaggi romantici e godere della reciproca compagnia. Tuttavia, a due mesi dalle nozze, vennero nel mio studio a un passo dalla separazione. Le loro liti seguivano più o meno questo copione.

MICHAEL: Che cosa ti è successo? Una volta ti piaceva uscire e divertirti. Ora dici che non potremo andare ad Aspen per il fine settimana finché non avremo quattrocento dollari da parte, e che il prossimo autunno non riusciremo a noleggiare una casa galleggiante nelle Keys perché dobbiamo comprare piatti di porcellana e bicchieri di cristallo.

COLLEEN: Michael, ora noi siamo marito e moglie, lo sai, e dobbiamo essere più seri su certe cose.

MICHAEL: Ma perché? Va bene, forse dovremmo risparmiare un po' prima di programmare un altro viaggio. Ma, Colleen, sono quattro anni che mangiamo nei piatti spaiati dei grandi magazzini. E sai che ti dico? Non me ne importa nulla! Prima non avevamo bisogno dei piatti di porcellana; perché ora dovrebbero servirci?

COLLEEN: Beh, a me queste cose interessano, e non vedo perché dovrei essere l'unica donna della città che non ha dei bei servizi di piatti. Forse, se tu cominciassi a comportarti un po' più da marito, capiresti che cosa voglio dire.

MICHAEL: Che cosa significa per te comportarsi più da marito?

COLLEEN: Per esempio, quando usciamo durante il fine settimana, non potresti metterti qualcosa di un po' più decente dei jeans?

MICHAEL: Può anche darsi che io mi sia sposato, ma non sono andato in pensione! Dai, Colleen, è assurdo che tu te la prenda con i miei jeans!

COLLEEN: Ma gli altri mariti non si vestono come te. Il tuo abbigliamento casual è fuori posto. Forse è ora che tu cresca.

MICHAEL: Beh, se crescere e sposarsi significa non divertirsi più, forse allora dovremmo lasciar perdere! Ti ho sposata perché ti amo e pensavo che mi amassi. Non capisco perché ti senti in dovere di cambiare solo perché sei diventata mia moglie.

Ho seguito molte coppie che, prima delle nozze o della convivenza, erano felici. Poi, come se qualcuno avesse premuto un interruttore invisibile, cominciavano di colpo a litigare su argomenti ai quali prima non avevano mai neppure badato. Queste persone spesso chiedono: «Se in precedenza certe questioni non ci avevano mai infastidito, perché ora ce la prendiamo tanto?»

La risposta è che inconsciamente crediamo che le «vere» coppie debbano avere le stesse opinioni, essere d'accordo su tutto o quasi e impostare la vita in un dato modo. Nell'intesa e nel sostegno del partner vediamo l'accettazione e l'amore; nel suo diverso parere, o nel rifiuto di adeguarsi al nostro, intravediamo l'abbandono, e ci assale il timore di non essere realmente amate. Le tensioni nascono perché, anche quando l'intimità si fa più profonda, istintivamente opponiamo resistenza all'essere inglobate da un'identità più grande: l'unione, il matrimonio, la relazione. Improvvisamente, compare dal nulla una forma di ragionamento scorretta, che ci porta a pensare: «Se avrò la meglio in questa discussione, la mia identità ne uscirà intatta. In caso contrario, dovrò rinunciare a essere me stessa». Oppure immaginiamo che, se riuscissimo a fargli ammettere di avere torto, in seguito faremmo a modo nostro, ma se la colpa dovesse ricadere su di noi, saremmo costrette a capitolare. Le liti, allora, spesso nascono proprio dal tentativo di tracciare nuovi confini, di rivedere il mutevole equilibrio tra i partner come singoli e la relazione nel suo insieme.

In un'unione felice, un uomo e una donna superano bene questi ostacoli mantenendo la propria individualità, rispettando le reciproche differenze, giungendo a compromessi e, talvolta, accettando di non essere d'accordo. Coloro che, invece, rimangono invischiati in un continuo gioco di potere, dovranno a tutti i costi stabilire chi vince e chi perde. In un'atmosfera così competitiva nessuna relazione può durare.

Crediamo sia giusto punire gli altri per i loro comportamenti scorretti

Dal momento che in genere ci opponiamo ai tentativi altrui di cambiarci, spesso consideriamo la punizione l'unico strumento utilizzabile nel caso in cui sia il partner a resistere al nostro proposito di renderlo un uomo migliore. Brontolare, lamentarci, privarlo del nostro amore e delle nostre attenzioni, tentare di fargli del male, sono tutte armi a nostra disposizione. Per strano che possa sembrare, castighiamo coloro che amiamo perché desideriamo averli più vicini. Confondiamo la loro indisponibilità ad accontentarci con la mancanza d'amore, e vediamo nella punizione un mezzo infallibile per provocare il mutamento che tanto desideriamo. Quando non otteniamo il risultato sperato, invece di concludere che il nostro metodo si è rivelato inefficace (com'è vero), ci accaniamo.

Le donne che vogliono punire il partner sono sempre in collera con lui, puntualizzano dozzine di volte al giorno di non approvarne il comportamento, tanto che alla fine lui crede di essere un assoluto incapace. Altre, che non riescono a dare sfogo alla rabbia, rimangono intrappolate nel ciclo punitivo.

La prima fase di questo circolo vizioso inizia con l'accumulo di vecchi rancori e risentimenti inespressi. Quando la pressione si fa troppo forte, queste donne esplodono, oppure si allontanano dal compagno, passando così al castigo vero e proprio. Magari credono di avere adottato il metodo giusto, ma sanno di avere ferito l'uomo che amano e iniziano a provare rimorso, scivolando lentamente verso la riappacificazione, che comporta una temporanea disponibilità a compiacerlo e la promessa di non fargli più del male. Ovviamente, nessuno di questi stadi contempla il confronto con il compagno o la risoluzione dei problemi a monte, quindi a breve il ciclo ricomincia. Più una persona punisce, più si sente colpevole, più dà all'altro la colpa del suo stato d'animo.

Il vostro compagno non è un bambino. Quando un adulto punisce un bimbo cui vuole bene, mira a farne, un giorno, una persona moralmente integra, educata, responsabile e così via. Un ragazzino è una sorta di cantiere, ha inclinazioni e idee che potrebbero essere inaccettabili e pericolose per sé e per gli altri. Al contrario, il vostro partner è per così dire un affare fatto. Quando gli dite che cosa dovrebbe o non dovrebbe fare, tentate di modificarne l'identità, mostrate mancanza di rispetto per la sua persona e volete avere su di lui più potere di quanto un rapporto sano preveda. Non illudetevi: se lo persuadete a cambiare punendolo, lui proverà rancore nei vostri confronti. Come abbiamo visto, l'unico modo corretto di indurlo a trattarvi diversamente è fissare dei limiti.

Imparate a essere una compagna, non una madre

Ammettete di non avere tutte le risposte

Se avete agito partendo dal presupposto di avere sempre ragione, probabilmente lo avrete fatto più a lungo di quanto crediate. Per cambiare sono necessarie molta pazienza e la collaborazione del partner. Innanzi tutto, non dovrete negare di essere cadute in errore: ammettete a voi stesse di avere un problema e riconoscete che sta danneggiando la vostra relazione. Per molte la presunzione diviene un'abitudine, e il modo migliore di sbarazzarsi delle cattive abitudini è rimpiazzarle con quelle buone.

Accettate i valori diversi dai vostri

Nell'infanzia abbiamo accettato i valori dei nostri genitori, ma nell'adolescenza siamo state influenzate da quelli, in alcuni casi opposti, dei nostri coetanei. Quando abbiamo iniziato una relazione importante, abbiamo chiuso il cerchio e riabbracciato alcune delle convinzioni della famiglia d'origine, e spesso ciò si è tradotto in confusione e divergenze con il compagno. Molte delle nostre idee riguardo a ciò che è giusto o no in materia di coppia stabile, convivenza e famiglia ci derivano dalle informazioni che abbiamo assimilato ed elaborato da bambine. Quando entriamo in conflitto con l'altro su questi temi, spesso lo facciamo perché ognuno di noi difende convinzioni e principi «ereditati» e mai messi in discussione.

Durante una seduta di terapia, Michael chiese a Colleen il motivo per cui, ogni volta che avevano ospiti a casa, tutto dovesse essere diverso dal solito. Elencò i particolari su cui lei insisteva perché li reputava «perfetti»: i tovaglioli di stoffa invece di quelli di carta, l'insalata servita alla fine della cena e non all'inizio, la panna al posto del latte scremato con il caffè. Colleen affermò che «la gente si comporta così», ma quando fu esortata a spiegare perché lei si adeguasse, non seppe giustificarlo, se non dicendo che quelle erano state le abitudini della madre.

Come abbiamo detto, molti principi e preconcetti del passato oggi non hanno più ragione d'essere. È giusto che ammiriate vostro padre perché a suo tempo è stato in grado di mantenere da solo tutta la famiglia, ma, con i tempi che corrono, è realistico aspettarvi la stessa cosa dal partner? È giusto considerarlo un uomo a metà per il semplice fatto che, come milioni di altri, non riesce a uguagliare il suocero? Il compagno, da parte sua, potrebbe confrontarvi con sua madre, che teneva la casa sempre immacolata e gli serviva immancabilmente pasti di cinque portate. Siete davvero una moglie e una madre di minor valore perché per i vostri figli il cibo fondamentale è la pizza?

Dobbiamo riflettere attentamente sulle nostre convinzioni, specie quelle che nutriamo sul modo in cui le persone dovrebbero comportarsi come amanti, compagni e coniugi. Abbiamo bisogno di considerare i nostri valori nei termini del significato che hanno nel presente, e dobbiamo chiedere al nostro uomo di fare altrettanto.

Una coppia di miei conoscenti stabilì che, nel momento in cui fossero arrivati dei figli, lui avrebbe evitato trasferimenti a meno di sette-otto anni di distanza l'uno dall'altro; se non fosse stato possibile, avrebbe cercato un altro lavoro. Michael e Colleen decisero che avrebbero suddiviso i loro risparmi tra un conto di risparmio a lungo termine e un altro da utilizzare esclusivamente per viaggi e divertimenti.

Ammettete i vostri errori con lui

Abbandonate la funzione dominante nel rapporto. Abituatevi ad ammettere di avere torto ogni volta che agite in maniera presuntuosa o punitiva. Riconoscete che non avreste dovuto trattare male il partner, e offritevi di rimediare al vostro errore. Siate sincere e vulnerabili. Prendetevi la responsabilità del vostro comportamento e scusatevi. Resistete alla tentazione di giurare che non lo rifarete mai più o di autopunirvi; servirebbe solo ad aumentare le probabilità di nuove ricadute.

Fatevi aiutare a cambiare dal compagno. Escogitate un segnale che lui possa utilizzare per indicarvi che state cercando di prevaricare. Potreste rimanere stupite da quante volte vi capiti di farlo senza neppure rendervene conto. Io avevo arruolato anche un'amica; una volta, appena scese dall'auto, lei aveva preso una direzione e io le avevo istintivamente ordinato: «No, andiamo da questa parte».

«Ci risiamo, capitano», aveva ribattuto lei, e io avevo recepito il messaggio. Mi ero immediatamente scusata e ripromessa di avere un atteggiamento migliore.

Tenete sotto controllo
i vostri comportamenti scorretti

Abbandonate quell'aria saccente. Smettete di agire come se aveste sempre ragione. Ogni volta che avete sulla punta della lingua un commento condiscendente, un consiglio non richiesto, una reazione difensiva, fermatevi e chiedetevi: «È così importante? Mi preme davvero che lui faccia quella cosa a modo mio?» Se la risposta è affermativa, contate fino a dieci, moderate il tono di voce e scegliete le parole più adatte, quindi esprimete il vostro stato d'animo (non la vostra opinione), spiegandone al partner le ragioni. Invece di dire: «Sai bene che non dovresti indossare i jeans a quella festa», tentate con: «Devo ammettere che mi dispiacerebbe se tu ti presentassi in jeans, perché tengo molto a ciò che gli ospiti pensano di me. Per favore, tesoro, vestiti in modo elegante, fallo per me».

Preparatevi immaginando situazioni specifiche e programmando le risposte più opportune. Ogni volta che vi ritrovate a scusarvi con il vostro compagno, ribadite che in futuro sperate di riuscire a gestire meglio le vostre reazioni. Per esempio: «Mi dispiace per stasera; ho sfogato ingiustamente su di te tutta la collera che avevo accumulato in ufficio. Se accadrà di nuovo, ti chiederò perdono, andrò in camera da letto e prenderò a pugni i cuscini finché non mi sarò calmata». Una mia amica disse al partner: «So di ferirti quando ti insulto, e ti chiedo scusa. D'ora in avanti, quando mi capiterà di farlo ti pagherò un dollaro. Se arriverò ad avertene dati cento, ti prometto che entrerò in terapia».

Esprimete gli stati d'animo, non le opinioni

Contestare i sentimenti altrui è estremamente difficile. Se dite: «Mi hai davvero ferita», avrete minori probabilità di scatenare una lite di quante ne avreste sbottando: «È sbagliato», «Non avresti mai dovuto dire una cosa simile», oppure: «Solo una persona meschina può aggredire con tanta cattiveria». Sforzatevi di essere umane, non perfette, il che talvolta comporta una certa dose di vulnerabilità. Potete smorzare i toni accesi di una discussione spiegando come vi sentite, invece di ciò che pensate: «Sono così sconvolta perché ti amo, e quello che hai detto mi fa soffrire».

Scoprite perché avete bisogno di avere ragione

Chiedetevi: «Perché mi comporto così? Di che cosa ho paura? Sto tentando di convincermi di essere intelligente? Perché mai dovrei trattare una persona nel modo in cui ho trattato il mio compagno? Quando gli dico che ha torto mi sembra forse di controllarlo meglio? Ho scelto questo atteggiamento rifacendomi a quello di mio padre (o mia madre)? Nel suo caso aveva funzionato? È giunto il momento di cambiare registro?»

La radicata paura di essere inadeguate è la causa scatenante del bisogno di avere sempre ragione. Una figura autoritaria dell'infanzia, o un ex partner, potrebbero avervi immancabilmente criticate, o trasmesso un senso di insicurezza. Affrontate la sofferenza che ve ne deriva e fate tutto ciò che dovete per risolvere il vostro problema, per aprirvi e permettere al compagno di fare parte della vostra vita. Ricordate che, spesso, tentiamo di tenere sotto controllo le piccole cose perché i grossi problemi ci sembrano insolubili. Eliminati questi ultimi, nella maggioranza dei casi le inezie spariranno da sé.

Invece di ingaggiare lotte in cui nessuno ha la meglio e di scontrarvi continuamente sulle stesse questioni, convenite che è giusto mantenere opinioni diverse; vi accorgerete che non ha importanza perdere una battaglia di poco conto se poi si vince la guerra.

Imparate a rispettare le differenze e raggiungete dei compromessi costruttivi

Nelle relazioni sane, in cui si superano le difficoltà, i partner esprimono rispetto per i valori personali dell'altro. Tuttavia, ciò non significa che li facciano propri, e questa è una distinzione che talvolta le persone non riescono a cogliere.

Cercando una soluzione costruttiva, si fa chiarezza su quali siano i punti di accordo e le divergenze, si tenta di comprendere la reale importanza di ogni questione per l'altro e, soprattutto, la ragione che lo porta ad avere una data opinione.

Quando capiamo perché il nostro compagno nutre determinate convinzioni, ci sentiamo meno minacciate, e anche meno spinte a fargli cambiare idea.

Meredith e Kenny avevano avuto esperienze completamente diverse: lei proveniva da una famiglia benestante, lui da una povera. Sebbene fossero entrambi chirurghi plastici molto affermati, Kenny, per usare le parole della moglie, era «spilorcio». Da parte sua, invece, lui pensava che Meredith spendesse in modo esagerato e superfluo, specialmente quando si trattava di fare dei regali. Durante una seduta nel mio studio, mentre era tutto preso a descrivere le vacanze della sua infanzia, invariabilmente caratterizzate dalle ristrettezze economiche, l'uomo non riuscì a trattenere le lacrime. Per la prima volta la sua compagna comprese la sofferenza all'origine della sua parsimonia, uno stato d'animo che, ammise, non era mai riuscita a cogliere. Si rese anche conto che nel loro matrimonio c'era spazio per le opinioni di entrambi, e che in realtà le somme che lui riteneva giusto stanziare per i regali non la riguardavano. La coppia riuscì a mettersi d'accordo sui doni che avrebbero acquistato insieme: lui avrebbe contribuito un po' più di quanto era abituato a fare, e lei promise di spendere meno.

Se è importante imparare a raggiungere dei compromessi, lo è altrettanto identificare i punti sui quali negoziare è fuori questione. Per esempio, potreste andare fiere della vostra fede politica di sinistra e innamorarvi di un uomo di destra; in tal caso, concorderete semplicemente di mantenere opinioni diverse. Alcuni temi impongono un accordo pressoché totale (per esempio, la decisione di avere o no dei figli), altri richiedono un elevato livello di consenso ma lasciano qualche spiraglio alla mediazione (la scelta del luogo in cui vivere), altri ancora sono facilmente negoziabili (che cosa fare durante le vacanze) o privi di importanza (che cosa mangiare a cena).

Non scaldatevi per le banalità. Prima di rispondere al

vostro compagno, chiedetevi sempre: «Questa faccenda mi interessa davvero? Se sì, per quale ragione? Altrimenti, perché non lascio perdere?»

La mia amica Maria è cattolica e suo marito è ebreo. Sebbene lui rispetti la propria tradizione religiosa, così come quella di ogni altra dottrina, ama il Natale. I due coniugi fanno l'albero, il loro bambino crede a Santa Claus, ma hanno deciso di non esibire simboli religiosi, come il presepe e la croce. Lo scorso anno Maria rimase quindi sorpresa quando lui obiettò alla sua proposta di appendere una ghirlanda natalizia alla porta di casa. Gliene chiese la ragione, e lui le spiegò: «Mi mette a disagio perché, dove sono cresciuto, solo i cattolici molto conservatori mettevano all'esterno degli addobbi natalizi. Ti sembrerà illogico, ma, poiché abbiamo deciso che nessuna delle due fedi domini la nostra vita, non credo dovremmo farlo neppure a Natale».

Nonostante il suo comportamento apparentemente contraddittorio sconcertasse la famiglia di Maria, lei rifletté e concluse che i sentimenti di suo marito venivano prima di tutto. Il compromesso fu: appendere la ghirlanda alla balaustra della scalinata o al caminetto.

Nei casi in cui la mediazione è impraticabile, se dissentite totalmente, dovreste prendere l'abitudine di ascoltare il partner con rispetto e accettare il suo punto di vista. Potreste dire: «Capisco che tu abbia potuto pensarla così», oppure: «Ora che mi hai spiegato come ti senti, le cose acquistano un senso anche per me». Assicuratevi che abbia compreso che rispettate la sua opinione, e quindi dichiarate la vostra: «Mi piacerebbe che tenessi presente anche il mio parere. Posso spiegartelo?» In tal modo dimostrerete considerazione e rispetto, e chiederete di riceverli in cambio.

Esistono maniere efficaci di affermare le differenze senza innescare una reazione difensiva. Per esempio: io sono convinta che ci faccia bene trascorrere il fine settimana insieme da soli, perché ritengo che ci aiuti a ristabilire l'intimità dopo una settimana difficile. Lui, invece, pensa che il sabato o la domenica dovremmo frequentare ognuno i propri amici, perché crede che la relazione trarrà beneficio da interessi e legami diversi. Allora, arriviamo a un compromesso: trascorreremo una giornata insieme e dedicheremo l'altra alle uscite individuali.

Rammentate a voi stesse e al partner che un problema può avere diverse soluzioni; il completo accordo non è l'unica, e neppure la migliore. Ricordate inoltre che non è necessario avere una propria opinione su tutto (pensate davvero che il burro in frigo debba essere coperto da un piatto?) e che alcune questioni non hanno facili vie di uscita (vostro marito, che è figlio unico, dovrà per forza occuparsi del padre affetto dal morbo di Alzheimer). Concedetevi l'opportunità di comprendere che le differenze individuali possono costituire la forza della vostra coppia. Alan e io abbiamo accettato di avere capacità di pazientare molto diverse. Quando una situazione richiede la tranquilla perseveranza di Alan, io mi faccio da parte dicendo: «È meglio che te ne occupi tu»; se bisogna risolverne rapidamente un'altra, lui la lascia gestire a me.

Controllate voi stesse, non lui

Smettete di considerare le punizioni come il mezzo per raggiungere un fine, e riconoscetele per quel che sono: un sintomo del fatto che non avete espresso ciò che volete. Potete interrompere il ciclo punitivo in ogni momento, limitandovi a parlare in modo onesto e aperto; attenendovi ai quattro passi verso una comunicazione sana, vi garantirete di non entrarvi neppure.

Se vi ritrovate nuovamente intrappolate nel circolo vizioso, seguite questi consigli.

- Per evitare di aprire il ciclo, seguite i quattro passi verso una comunicazione sana. Per esempio: «Mi sento frustrata perché, dopo avere fatto la spesa e cucinato per la tua cena di lavoro, tu non mi hai rivolto il minimo cenno di apprezzamento. Voglio che mi dimostri la tua riconoscenza promettendo di aiutarmi a riordinare dopo che tutti se ne saranno andati, e di lasciarmi dormire fino a tardi domani mattina. Lo farai? In caso contrario, domenica prossima non ti accompagnerò alla tua colazione di lavoro».

- Se siete passate alla fase punitiva, fermatevi, mostratevi disponibili e spiegate: «Perdonami. Non voglio ferirti, ma ho la sensazione di non essere stata apprezzata per tutto ciò che ho fatto per la tua cena d'affari. Mi scuso per non avertelo detto prima di arrivare a questo punto. Ho davvero bisogno che tu mi prometta di essere più premuroso e di aiutarmi almeno a riordinare, la prossima volta». Poi, lasciatevi l'episodio alle spalle.

- Se avete già punito il vostro compagno e siete ormai nella fase della rappacificazione, scusatevi, ma resistete alla tentazione di gettarvi ai suoi piedi perché vi sentite in colpa. Potreste affrontarlo così: «Mi dispiace avere detto e fatto quelle cose. So di averti offeso, e il mio atteggiamento era ingiustificato. In ogni caso, ero arrabbiata perché avevo la sensazione che tu non avessi apprezzato tutto l'impegno che ho profuso nella preparazione della cena. Anche se ho alzato la voce e ti ho insultato, cose che non dovrebbero mai accadere, ciò che ti ho detto riguardo al mio desiderio di un tuo maggiore coinvolgimento qui a casa è sacrosanto. Da tempo ho la sensazione di essere trascurata. Ma mi sento un verme per il modo inaccettabile in cui ho reagito. Ti prometto che, in futuro, cercherò di controllarmi».

Costruite l'intimità che favorisce il compromesso

In una relazione intima ed equilibrata, in cui una coppia raggiunge dei compromessi e si impegna a trovare delle soluzioni, nessuno perde. Quando i partner sanno con certezza che la mediazione successiva sarà a loro favore, è più facile che rinuncino a qualcosa nell'immediato senza sentirsi usati o traditi. Correte dei rischi; per esempio, di tanto in tanto sforzatevi di cedere completamente. Considerate il vostro atteggiamento prevaricatore per ciò che è: un intralcio all'intimità e all'amore.

7

Errore numero cinque: lanciarsi in soccorso del partner

- Il vostro partner si sentirebbe perduto senza di voi?
- Per molti versi siete più forte di lui?
- In passato ha avuto esperienze particolarmente difficili o traumatiche?
- Fatica a farcela senza il vostro aiuto, o quello della sua famiglia e degli amici?
- Vi dà l'impressione di essere costantemente infelice, a meno che non facciate qualcosa per lui?
- Continua ad accampare scuse perché non riesce a risolvere i suoi problemi, e/o siete addirittura voi a trovargli delle giustificazioni?

Nell'elenco delle qualità che l'uomo ideale dovrebbe avere, una donna include sempre la disponibilità a rimanerle accanto. Tra l'altro, spesso crediamo erroneamente che, per il solo fatto di sostenere il compagno con la nostra presenza, lui si sentirà in dovere di ricambiare. Nelle relazioni sane, ognuno dei due si assume la responsabilità di se stesso; ciascuno ama, desidera e aiuta l'altro.

A volte la vita può essere dura, e una delle ragioni per cui decidiamo di instaurare un rapporto duraturo è in parte dettata dall'egoismo: vogliamo assicurarci di avere qualcuno accanto nei momenti di difficoltà. La capacità di aprirci all'altro e di consentirgli di sostenerci quando abbiamo bisogno di una mano, bilanciata dalla disponibilità ad anteporre talvolta le sue necessità alle nostre, sono indice di maturità e forza. Di solito le coppie che riescono a mantenere questo equilibrio beneficiano di unioni stabili e gratificanti, e traggono sicurezza e serenità dalla consapevolezza di poter contare l'uno sull'altro per superare i periodi di crisi. Di contro, quando una donna consente al compagno di essere sempre la parte debole fornendogli un sostegno costante, commette l'errore di lanciarsi in suo soccorso.

Una delle differenze tra una relazione sana e una «da crocerossina» sta in ciò che si intende per crisi del partner: è qualcosa di indipendente dalla sua volontà e dal suo controllo, o una manifestazione della sua incapacità di gestire la propria vita? Si è ritrovato senza lavoro a causa di un improvviso taglio nell'organico, o perché non aveva voglia di mantenere un impegno fisso? Il suo tracollo finanziario è stato provocato da un problema di salute o dalla passione per il gioco d'azzardo? E, quando si rivolge a voi nei momenti difficili, che cosa fate concretamente per aiutarlo? Gli offrite solidarietà e conforto mentre si dà da fare per superarli, o vi rimboccate le maniche per toglierlo dai guai, dandogli del denaro o caricandovi sulle spalle il suo fardello senza chiedergli nulla in cambio? Quando aiutiamo realmente qualcuno, i nostri sforzi congiunti portano a una soluzione, o per lo meno a un passo avanti. Invece, se siamo noi a occuparci di tutto, ci impegniamo in un vero e proprio salvataggio.

Amare diviene sinonimo di soccorrere quando crediamo di dover rimediare alle mancanze del nostro compagno (o lui ci chiede espressamente di farlo), oppure quando siamo convinte di doverlo proteggere dalle conseguenze delle sue azioni. Potremmo darci troppo da fare per aiutarlo (Capitolo 5, «Errore numero tre: atteggiarsi a martire»), oppure ritenere di sapere che cosa sia meglio per lui (Capitolo 6, «Partire dal presupposto di avere sempre ragione»). Questi errori hanno molto in comune con la propensione a salvare e redimere, e tuttavia se ne discostano per alcuni aspetti essenziali. Mentre la martire è sottomessa, la soccorritrice è dominante; mentre chi pensa di avere sempre ragione manca di empatia per coloro che vorrebbe aiutare, la crocerossina si immedesima fin troppo nelle vicende altrui.

Avete già commesso questo errore se:

- Vi occupate *sempre* dei problemi del partner, persino quando siete consapevoli che ciò vi creerà dei fastidi e indipendentemente dal fatto che voi soffriate, lui non ricambi le vostre attenzioni e sia recidivo. Per esempio, pagate i suoi debiti anche se dovete lavorare il doppio e rinunciare alla vostra sicurezza economica, mentre lui rimane disoccupato.

- Ragionate e agite *sempre* in base a ciò che ritenete sia meglio per lui, indipendentemente da quante volte le vostre decisioni e azioni falliscano lo scopo di stimolare in lui un cambiamento positivo. Per esempio, invece di spingerlo a disintossicarsi, lo proteggete dalle conseguenze della sua dipendenza dall'alcol (mentite al suo capo, gli lasciate guidare la vostra auto perché non può permettersi di assicurare la sua).

- Provate *sempre* almeno un barlume di ammirazione per voi stesse. A differenza di chi ritiene di avere sempre ragione, derivate un senso di gratificazione personale dal compiere quelli che ritenete atti di generosità. E, a differenza di una martire, coltivate il vostro amor proprio pensando di avere risolto i problemi di un altro.

- Non chiedete mai *nulla* in cambio, né gli fate mai pagare lo scotto per i suoi comportamenti, né contemplate una soluzione che non sia correre in suo aiuto la prossima volta che ne avrà bisogno.

Perché andare in soccorso del partner non funziona mai

Pensate alla vostra infanzia e adolescenza. Probabilmente vi ricordate con estrema chiarezza i momenti in cui avete patito le conseguenze delle vostre azioni. Forse avete lasciato la vostra bambola preferita fuori, sotto la pioggia, o non avete fatto i compiti. Se avete imparato la lezione, probabilmente lo dovete ai vostri genitori, che si sono rifiutati di soccorrervi. Non hanno raccolto il vostro giocattolo per evitare che si sciupasse, non hanno assillato la maestra per convincerla a darvi un voto più alto. Mentre guardavate la vostra Barbie tutta rovinata, o andavate a ripetizione durante le vacanze estive, può darsi che vi siate sentite in collera, o che abbiate pensato che mamma e papà vi avessero in qualche modo abbandonate a voi stesse. È però probabile che in seguito abbiate fatto del vostro meglio per evitare di commettere di nuovo errori di quel tipo.

I genitori iperprotettivi, scegliendo di sottrarre i figli alle responsabilità delle loro azioni sbagliate, in realtà li danneggiano, impedendo loro di divenire adulti maturi e responsabili. Se andate continuamente in soccorso del partner, con ogni probabilità siete incappate in uno di questi ragazzini cresciuti. Continuando a comportarvi così, non gli permettete di trovare le motivazioni, le risorse o la volontà per cambiare atteggiamento e risolvere da sé i suoi problemi. In fondo, perché mai dovrebbe preferire la via più faticosa?

Rebecca si rivolse a me dopo avere preso la decisione di divorziare da Paul, perché aveva delle difficoltà a dirglielo. Quando gliene chiesi la ragione, mi rispose: «Ma lui che cosa farà?»

La coppia aveva impostato fin dall'inizio un rapporto di tipo tradizionale: lui manteneva la famiglia e lei faceva la casalinga. Dal giorno in cui lo aveva incontrato, Rebecca aveva sempre provato pena per Paul, che aveva vissuto una terribile infanzia di maltrattamenti. Aveva tentato di guarirlo emotivamente, condividendone il dolore e giustificandone il comportamento scostante, asociale ed estremamente riservato.

Dopo che lei aveva ripreso a lavorare, lui aveva deciso di tentare un'attività in proprio. Quando li conobbi, cinque anni dopo, Paolo aveva solo un'occupazione part-time e non contribuiva alle spese famigliari. Rebecca pagava tutti i conti, si prendeva cura dei bambini, sbrigava le faccende, cucinava, faceva tutto lei. Non pretendeva alcunché, ma aveva maturato l'intenzione di lasciarlo.

«Spero che deciderà di andarsene lui, visto che da tempo non facciamo più sesso, quindi dovrebbe avere capito che qualcosa non va», mi disse un giorno.

«Perché dovrebbe farlo?» le chiesi. «Ha tutto quello che gli serve! Non la abbandonerà finché lei non smetterà di essere gentile con lui e di mantenerlo. E forse non lo farà neppure allora. Dovrà sbatterlo fuori.» Lei scoppiò a piangere. «Ma che cosa farà?» Nonostante fosse sul punto di divorziare, continuava a soccorrerlo.

Ci piace credere che le persone riescano a lasciarsi alle spalle la dipendenza dalle sostanze, ad abbandonare le cattive abitudini e a comportarsi in maniera responsabile perché vogliono essere migliori. Ma la natura umana ci dimostra il contrario. È nota la nostra propensione a scegliere il sentiero meno tortuoso, la via di fuga più agevole; i cambiamenti comportano un duro lavoro, e i più non li affrontano finché non hanno esaurito tutte le risorse che fino a quel momento hanno permesso loro di tirare avanti. La soccorritrice assume la parte dominante, relegando il partner in quella sottomessa; le persone che dipendono dagli altri non credono di poter modificare la propria esistenza, e tentano di farlo solo se non hanno alternative.

La prospettiva delle conseguenze negative è senz'altro la motivazione più forte. Questa è la ragione per cui coloro che hanno problemi di alcolismo, tossicodipendenza, disordini alimentari, raramente li superano finché non hanno toccato il fondo. Il miraggio di una vita sana e sobria è meno attraente della sofferenza che si prova svegliandosi nel proprio vomito, trascorrendo una notte in prigione, o sentendosi dire dal dottore che l'infarto è stato provocato dall'alimentazione e dalle sigarette. Finché non si verificano, magari ripetutamente, eventi devastanti, la maggior parte della gente non si sente motivata a cambiare registro. Ogni volta che intervenite per portare soccorso, impedite al vostro compagno di maturare, divenire indipendente ed essere in futuro un punto di riferimento per voi.

Perché ci sembra scontato dover soccorrere la persona che amiamo

Quando il partner ci chiede di sacrificare tutto ciò che abbiamo, può darsi che la nostra reazione razionale sia di rifiuto, ma se lui aggiunge, professandoci il suo amore: «Ho bisogno del tuo aiuto solo un'ultima volta e poi, tesoro, vedrai che le cose per noi due andranno a meraviglia», ci è difficile tirarci indietro. Se non gli diamo una mano, ci sentiamo dei vermi. Ritenendo che amore e soccorso siano sinonimi, perdiamo di vista le nostre necessità e il significato autentico della relazione.

Prestare soccorso ci fa sentire nobili

Quando investiamo troppo nell'idea che dare sia sempre giusto, nobile, lodevole, virtuoso e così via, non ci rendiamo conto di ciò cui rinunciamo. Di conseguenza, dimentichiamo o ci impediamo di esprimere quanto siamo umiliate, nervose, squattrinate, esauste, arrabbiate, risentite, demotivate. Non è forse vero che essere buone ci colloca un gradino più in alto rispetto a essere felici, riposate, benestanti e sicure? In realtà, le cose non stanno affatto così, ma noi ne siamo convinte. Le donne sono particolarmente inclini a nutrire questi pregiudizi, in parte perché per lungo tempo l'aureola della santità domestica ha rappresentato l'unico premio di consolazione per i sacrifici fatti. Quando comincerete a considerare bontà e nobiltà d'animo come medaglie di latta, e a rivalutare le cose positive con cui li avevate barattati, l'iniquità di un simile affare vi apparirà lampante.

Crediamo che saremo ricompensate per avere aiutato l'altro

Se qualcuno vi salvasse, gli sareste eternamente grate, o almeno così pensate. Nella veste di soccorritrici, riuscite a valutare e apprezzare ciò che fate e quanto vi costa. Ma se foste voi ad essere soccorse, probabilmente non vi rendereste conto di ciò che l'altro ha fatto, perché di solito in una situazione del genere ci si sente in diritto di ricevere.

Se avete stabilito con il partner un rapporto paritario, potete ragionevolmente supporre che lui reagirebbe a un salvataggio più o meno come voi: con apprezzamento, e ripromettendosi di restituirvi il favore. In questo caso non ci troveremmo di fronte a una propensione cronica al soccorso, perché lui vi ricambierebbe. D'altro canto, se siete sempre pronte a dargli una mano, è certo che lui non vede le cose come voi, altrimenti non sareste costrette a lanciargli regolarmente il salvagente. Non potete aspettarvi equità da qualcuno che non condivide i vostri valori e approfitta della situazione. Se lo farete, rimarrete sempre deluse.

Soccorrere ci permette di controllare

Quando salvate il vostro uomo, arrivate subito dopo a dominarlo, perché lo mettete nelle condizioni di sentirsi in debito verso di voi, cosa di cui lui è cosciente, e che gli provoca rancore. Fintanto che continuerete a salvarlo, otterrete in cambio il suo silenzio riguardo a certi vostri comportamenti scorretti, perché al momento giusto gli rammenterete la vostra magnanimità e lo farete sentire in colpa per il denaro che gli avete prestato o per qualsiasi altro tipo di favore, in modo che lui non se la senta di affrontarvi.

Uno dei motivi per cui le «crocerossine» continuano a dare, è che non sono capaci di pretendere nulla in cambio. Si aspettano invece di essere risarcite indirettamente. Per esempio, se date dei soldi al vostro compagno, forse inconsciamente sperate che, così facendo, lui non vi lasci. Oppure, se gli elargite dei consigli su come vivere la sua vita, vi aspettate che li segua. Ma se lui, nonostante tutto, non vi restituisse la somma che gli avete prestato o non facesse ciò che gli avete suggerito, probabilmente non gli dareste degli ultimatum, né gli fareste richieste dirette. Tuttavia, entrambi sapete bene che lui vi deve molto, e quindi la bilancia del potere pende sempre dalla vostra parte.

L'atteggiamento condiscendente che si accompagna alla propensione a salvare gli altri è molto sottovalutato. Soccorrendo il partner, in sostanza gli dite che siete migliori di lui e che è incapace di cavarsela da sé. Da questa subdola forma di intimidazione e continuo vantaggio sull'altro derivate un senso di onnipotenza, ma vi avverto: anche gli uomini più riconoscenti quando sono costantemente controllati accumulano risentimento.

Andare in aiuto degli altri ci distoglie dai nostri problemi

Un tempo anch'io mi precipitavo a soccorrere tutti coloro che trovavo sulla mia strada. Come psicologa infantile, tentavo di salvare ogni bimbo in difficoltà, a casa mi occupavo del mio ragazzo, e durante il tempo libero facevo del mio meglio per contribuire a risolvere le difficoltà sentimentali delle amiche. Quando finii in ospedale a causa di una colite nervosa e il mio medico mi consigliò un ricovero di una settimana per sottopormi ad alcuni esami, feci salti di gioia. Finalmente qualcuno si prenderà cura di me, pensai. (Una precisazione: arrivata a quel punto, era così tanto che mi comportavo come se avessi sempre ragione e mi davo da fare per tirare gli altri fuori dei guai, che nessuno dei miei amici immaginava avrei potuto avere bisogno d'aiuto. Un'amica mi confessò: «Sembra che tu abbia sempre la risposta giusta. Pensavo che, nella tua vita privata, tutto fosse sotto controllo. Che cosa avrei potuto fare per te?») Mi ci vollero anni per comprendere che mi ero lasciata distrarre dai problemi altrui per evitare di impegnarmi a costruire la mia felicità. Credo che, inconsciamente, mi aspettassi di trovare tutta la soddisfazione necessaria nella gratitudine dimostratami dalle persone, ma non andò così. Anzi, persi il lavoro, gli amici e persino il compagno che avevo tanto amorevolmente soccorso.

Nessuno ha riserve infinite di tempo, energia o emozioni. Persino le donne più forti hanno bisogno di rinvigorire l'amore grazie alle attenzioni degli altri. Le soccorritrici non ricevono mai il nutrimento emotivo di cui necessitano, perché dimenticano di avere delle esigenze. Tra l'altro, coloro che danno trovano difficoltà a ricevere; non ne sono capaci, né sono in grado di fare richieste dirette, perché sanno che rimarrebbero deluse dalla risposta del partner. Per risparmiarsi un'ennesima sofferenza, negano i loro sentimenti e fingono di essere emotivamente auto-sufficienti ma, prima o poi, il vero stato d'animo viene a galla. Invece di prendere in considerazione la possibilità di smettere di occuparsi del compagno, le vere «crocerossine» pensano che basterà impegnarsi più a fondo, così finalmente lui comprenderà il loro valore e deciderà di rimanere al loro fianco. Queste donne trascurano la propria vita e le proprie necessità, e permettono al loro uomo di ignorarle.

Siamo attratte dalle persone che hanno bisogno di noi

Quando vediamo qualcuno in difficoltà, è naturale provare il desiderio di dargli una mano. Soccorrere gli altri può offrirci un'opportunità di crescita personale, spirituale, e non vi sto certo suggerendo di voltare le spalle ai bisognosi.

Ma, prima di aiutare il vostro compagno, dovete scoprire come e perché è finito nei guai, con quale frequenza ci si trova, e che cosa ha fatto le altre volte per cavarsi d'impiccio. Non dovreste mai impegnarvi per lui più di quanto lui lo faccia per se stesso.

Se la maggior parte dei vostri amici e compagni sembra passare da una crisi all'altra, probabilmente il vostro comportamento non è sano e non serve né a voi, né a loro. Se vi sentite attratte soltanto da uomini che hanno dei problemi, o se pensate che chi vi confida un aspetto negativo della propria vita sia più interessante e meritevole di qualcuno che apparentemente conduce un'esistenza tranquilla, dovrete riflettere attentamente su ciò che traete da quelle relazioni.

Fate un passo indietro e chiedetevi se quei legami siano davvero paritari ed equilibrati, o se siano invece basati sul bisogno che gli altri hanno del vostro aiuto. Se la situazione si ribaltasse e vi ritrovaste improvvisamente a cercare una casa, del denaro, le cure per la vostra vecchia madre malata, il vostro compagno sarebbe al vostro fianco a sostenervi? Quando gli parlate, vi dimostra lo stesso interesse che gli rivolgete voi? Riuscite a esporgli i vostri problemi? In caso affermativo, che tipo di reazione ricevete? Lui vi ascolta distrattamente e poi cambia argomento? Le vostre conversazioni vertono immancabilmente su di lui? Se non esiste una reale reciprocità negli scambi e nella relazione, lo giustificate automaticamente perché non è in grado, almeno in quel momento, di dispensarvi lo stesso ammontare di empatia, sostegno, tempo che voi gli mettete regolarmente a disposizione?

È facile rimanere invischiate nei problemi altrui, particolarmente in quelli del partner. Oltrepassando il confine tra un sano coinvolgimento nella sua vita e l'attrazione cronica verso uomini simili a lui perché pieni di guai, scegliamo compagni deboli per mantenere lo squilibrio a nostro favore in ogni relazione. Giustifichiamo, assecondiamo, tolleriamo comportamenti e negligenze che sarebbero inaccettabili se non trovassimo delle circostanze attenuanti, dovute alle loro «difficoltà».

Può darsi che siamo attratte da uomini senza carattere perché ci occupavamo di un genitore privo di nerbo, o perché siamo talmente incapaci di comunicare le nostre esigenze e affrontare coloro che non le soddisfano, che è molto più semplice stare con qualcuno da cui non ci aspettiamo nulla. O magari ci sentiamo immeritevoli e crediamo che le nostre premure e i nostri consigli siano davvero l'unica cosa che abbiamo da offrire, e che non sapremmo come comportarci con un uomo equilibrato, autosufficiente e maturo, uno che non ha bisogno di noi. Potremmo perfino arrivare a pensare: So bene che ha dei problemi, ma per lo meno posso contare sul fatto che rimarrà, perché gli servo.

Vogliamo essere comprensive

Prima o poi, tutte ci siamo sentite ingiustamente perseguitate dai nostri genitori e/o da altri. Ricordiamo bene quei periodi in cui abbiamo avuto (o avremmo desiderato avere) qualcuno su cui fare affidamento. Ci piace considerarci compassionevoli e generose. In un'epoca in cui nessun problema è tabù, andiamo fiere della nostra illuminata disponibilità verso coloro che, per esempio, hanno subito maltrattamenti o sono tossicodipendenti. È giusto dimostrare comprensione per il compagno che ha avuto problemi di questo tipo, e aiutarlo a venire a patti con il suo passato dimostrando un atteggiamento paziente e sensibile, ma ciò non equivale a consentire alle sue trascorse o attuali disavventure di determinare e scandire il ritmo della relazione. Il vostro uomo non è l'unica persona sulla faccia della terra ad avere dei problemi; tutti ne abbiamo. La differenza tra chi procede e chi è perennemente in crisi, non è data dalle carte che la vita ci serve, ma da come scegliamo di giocarcele.

Potremmo essere codipendenti con il partner

In anni recenti si è fatto un gran parlare di codipendenza, lo stato della relazione in cui una persona ha una compulsione a lasciarsi andare a un dato comportamento: abusa di stupefacenti o alcol, non controlla l'impulso sessuale o l'aggressività, spende o mangia smodatamente, o, più in generale, vive in maniera estrema, mentre l'altra la protegge dalle naturali conseguenze del suo stile di vita. Se fate qualsiasi cosa per contribuire al proseguimento dell'esistenza altrimenti ingestibile o scellerata del vostro compagno (chiamate il suo capo e gli inventate una scusa quando i postumi di una sbornia gli impediscono di presentarsi in ufficio, pagate i suoi conti dopo che ha sperperato l'ultimo stipendio in cocaina, mantenete sempre i contatti con la sua famiglia, così che non debba farlo lui) siete codipendenti. Questo schema di comportamento spazia dall'ascoltare una persona che spende lamentarsi della scarsa pazienza dei creditori, a pagare da bere a un alcolista.

Ma la codipendenza si spinge oltre. Spesso le donne in questa situazione credono di aiutare il partner, ma in realtà alimentano il reiterarsi del suo atteggiamento distruttivo. Anche se affermano che farebbero qualunque cosa per eliminare il problema dell'alcol, della droga, del denaro, del cibo e così via, la verità è un'altra. L'unica strada che potrebbe portare a destinazione è la sola che non scelgono: tirarsi indietro per lasciare che il compagno affronti e subisca le conseguenze delle sue azioni. In questa dinamica entrambi hanno una precisa responsabilità.

Gli specialisti impegnati nella cura degli alcolisti o dei tossicodipendenti hanno osservato che, quando i pazienti cessano l'uso di sostanze, spesso chi li ama non è in grado di inventare una nuova funzione per se stessa. Abituate ad avere rapporti con un compagno irresponsabile, immaturo e inaffidabile, alcune donne rimangono confuse, addirittura si arrabbiano, di fronte all'uomo nuovo che si trovano davanti. Mentre lui riscrive i termini della relazione e inizia a prendervi parte, forse per la prima volta, loro rimangono talmente spiazzate da sperare inconsciamente in una sua ricaduta. La prospettiva di una piena guarigione può terrorizzarle al punto di indurle a tentare di impedire che il partner trovi l'aiuto di cui ha bisogno.

Per difficile che possa rivelarsi rimanere al fianco di un compagno che ha dei problemi, le donne codipendenti, scegliendo di farlo, sanno sempre chi sono nell'ambito della relazione, e c'è sempre bisogno di loro. Gli altri, quando non le giudicano pazze, le considerano delle sante. Dal momento che perseverano a dispetto di ogni avversità, si convincono che il loro modo di amare sia in qualche modo migliore di quello degli altri. In fin dei conti, potrebbero pensare, è facile innamorarsi di qualcuno tutto d'un pezzo. Ma chi mai baderebbe al povero Johnny?

Come nel caso di altri comportamenti, spesso la codipendenza si impara in seno alla famiglia di origine. Talvolta ci si cala nella parte aiutando il padre a nascondere le bottiglie, o promettendo alla mamma di non rivelargli quanto ha speso in vestiti, o fingendo di ignorare che l'uno e/o l'altra bevono, giocano d'azzardo, fanno uso di stupefacenti, nascondono una relazione extraconiugale.

Un'unione così concepita è per definizione squilibrata. Potrà sembrarvi comoda, forse persino gratificante; finché non riconoscerete la responsabilità che avete avuto nel sostenere un rapporto sbagliato, non ci sarà speranza di cambiamento. Se non capite perché avete desiderato e tollerato quel legame, con ogni probabilità vi troverete nella medesima situazione con il partner successivo, e poi con quello che verrà dopo di lui.

La verità sulle «crocerossine»

Indipendentemente da tutto ciò che sapete, da quanto il vostro «inetto» compagno vi deve (emotivamente o finanziariamente), e dal fatto che crediate di gestire la relazione, in realtà non la controllate. Magari fate un gran baccano, gli date un'infinità di indicazioni, pagate la macchina, controllate l'olio, fate il pieno di benzina, ma alla fine rimanete una passeggera che importuna il guidatore. Il compagno che tanto volete salvare è colui che siede al volante. «Ma non può essere», potreste dire voi. «È disoccupato/tossicodipendente/depresso/una vittima. Come potrebbe mai avere il controllo? Non sarebbe capace di muovere un passo senza di me.» E avete ragione per metà: lui ha davvero bisogno di una donna disposta a non essere ricambiata, ad anteporre volontariamente e ripetutamente gli interessi di un uomo ai propri, a non chiedere mai e non prendere mai, mentre intanto si complimenta con se stessa per la sua generosità. Ma quella compagna non dovete essere per forza voi. Le donne che vivono un rapporto di codipendenza trovano difficile affrontare l'evidenza che il compagno sta con loro perché trova terreno fertile per la sua dipendenza. Uno dei motivi per cui non ne incoraggiano la guarigione, è l'incertezza sulla nuova parte che dovrebbero assumere in una situazione di equilibrio, e la consapevolezza che, in molti casi, non ne avrebbero alcuna.

Come smettere di andare in soccorso del partner

Identificare e risolvere le questioni del passato

La propensione al soccorso è un comportamento che apprendiamo, per lo più durante l'infanzia, in molti casi perché abbiamo dovuto occuparci di una madre malata, dei fratelli minori o di un padre alcolizzato.

Alle quattro del mattino, Vicky fu svegliata da un poliziotto. Con lui c'era Gloria, la sua «sorellina» quindicenne, che era stata fermata per un'infrazione. La donna promise all'agente che l'episodio non si sarebbe ripetuto, e pregò la ragazza di comportarsi bene. Gloria pianse, giurò che sarebbe rimasta lontano dai guai e disse alla sorella maggiore quanto le voleva bene. Il giorno dopo scappò di casa. La settimana successiva Stuart, il compagno di Vicky, distrusse l'auto e fu arrestato per guida in stato di ebbrezza. Lei prese un'aspettativa dal lavoro per occuparsi di lui e della sua gamba rotta, poi, un mese dopo, gli diede le chiavi della sua macchina.

Quando le domandai perché tollerasse il comportamento di entrambi, si strinse nelle spalle e iniziò a piangere. «Lei non sa quanto la vita sia dura per loro; hanno tutti e due dei problemi davvero gravi. Io li amo, e devo aiutarli. Se voltassi loro le spalle, che razza di sorella e compagna dimostrerei di essere? Ringrazio Dio di essere forte abbastanza per prendermi cura di loro.»

Vicky si era sentita così per la maggior parte della sua esistenza. Lei e la sorella maggiore, Carly, erano solo alle soglie dell'adolescenza quando i genitori avevano divorziato e la madre aveva scoperto di avere un cancro. Avevano trascorso ogni istante dei tre anni successivi che non fosse dedicato alla scuola a prendersi cura di lei e a fare da «mammine» a Gloria, che in quel periodo muoveva i primi passi. Dal momento che erano molto legate alla famiglia, avevano rimosso qualsiasi tipo di rimpianto per tutte le cose alle quali stavano rinunciando: le attività extrascolastiche, dormire a casa delle amiche, il campeggio estivo. Trascorsi alcuni anni, avevano ritenuto normale che il compagno dipendesse da loro e non ricambiasse la disponibilità emotiva.

Vicky e Carly se n'erano andate di casa prima di avere compiuto vent'anni. Entrambe avevano ben presto dato vita a relazioni molto sbilanciate; gli uomini che avevano di volta in volta scelto provenivano da famiglie disastrate, avevano dipendenze da alcol o sostanze stupefacenti o erano stati vittime di maltrattamenti. Tutte e due disprezzavano le persone che, secondo loro, non si «curavano abbastanza» degli altri per aiutarli, e spesso discutevano dei problemi di fidanzati e amici quasi come fossero i loro. L'unico momento in cui Vicky provava un senso di appartenenza al mondo era quello in cui riusciva a dare una mano; non sapeva come instaurare una relazione con qualcuno che non avesse bisogno di lei. Ebbe tutta una serie di compagni e due mariti con problemi di droga o di alcolismo. Carly evitava i tossicodipendenti, ma i suoi partner erano invariabilmente meno ambiziosi di lei e incapaci di risolvere i propri problemi.

La svolta per Vicky si verificò quando Gloria le telefonò, in lacrime, per comunicarle di avere perso il lavoro e di essere stata sfrattata. La donna, che veniva da me da diversi mesi, stava iniziando a comprendere perché si fosse occupata tanto degli altri. La terapia l'aveva aiutata a provare la collera sufficiente a cambiare. Sei mesi prima, lei e Carly avevano avvertito la sorellina che non l'avrebbero più tirata fuori dai guai e, nonostante le sue suppliche disperate, mantennero la parola. Non fu facile; passarono ore a dissuadersi reciprocamente dal tentare di rintracciare e aiutare Gloria, e a discutere di come la loro infanzia difficile le avesse trasformate in «crocerossine». Quando Gloria si rifece viva, un anno dopo, era pulita e sobria, aveva trovato un impiego e un compagno responsabile. Senza l'assidua presenza delle altre due, era finalmente cresciuta.

Vicky smise di soccorrere gli altri perché comprese che non era compito suo risolvere i guai di Gloria e dei partner che aveva avuto.

Si sentì sollevata dalla consapevolezza che non avrebbe potuto fare nulla per salvare il matrimonio dei suoi genitori. E, una volta che ebbe un figlio suo, si consentì di provare rabbia e rammarico per la sua infanzia perduta. Riconobbe di essere cresciuta con il desiderio di essere soccorsa e si rese conto che, dal momento che ce l'aveva fatta contando unicamente sulle proprie forze, chiunque avrebbe potuto fare altrettanto. Non dovette più provare di meritare l'amore, e iniziò a valutare potenziali compagni e amici in termini di ciò che avrebbero potuto offrirle, non viceversa.

La differenza tra soccorrere il compagno e sostenerlo

Mentre soccorrere il partner implica tentare di risolvergli la vita, offrirgli sostegno vuol dire essere al suo fianco, ascoltarlo, dimostrargli empatia e, soprattutto, trasmettergli il messaggio che può farcela da solo. Quando amate un uomo, dovete accompagnarlo lungo il percorso, non trascinarlo per i capelli.

Potete mantenere l'equilibrio nella relazione e proteggervi dal rischio di soccorrerlo tenendo costantemente sotto controllo il modo in cui lui reagisce al vostro aiuto. Se, a dispetto del suo problema, mantiene la volontà e la capacità di ricambiarvi, non vi sta pregando di salvarlo. Se vi chiede consigli per metterli a frutto nella ricerca di una soluzione, e in altre occasioni è lui a indicarvi la strada migliore, non lo state proteggendo. Se il problema mostra concreti segnali di miglioramento, o se è realmente indipendente dalla sua volontà (per esempio, ha perso l'impiego a causa di una riduzione di personale) e lui compie i passi giusti per risolverlo (ne cerca un altro, sbriga le faccende domestiche mentre voi andate a lavorare o fare gli straordinari), non lo state soccorrendo.

Non fatevi sviare

L'uomo che frequentate si aspetta che gli offriate regolarmente il pranzo mentre lui sperpera il suo denaro in apparecchiature stereofoniche? Chiede direttamente il vostro aiuto, poniamo, per pagare il mutuo o nei rapporti con la sua famiglia, poi vi accusa di mettere il naso nella sua vita? Oppure si limita a dirvi: «Non so che cosa fare riguardo a...» suggerendo di avere questioni sospese che potreste essere in grado di risolvergli? Situazioni di questo tipo vi inducono a divenire delle «crocerossine». Dovete imparare a distinguere le richieste di aiuto e consiglio dagli inviti a essere soccorsi.

Potete declinare l'invito evitando situazioni che conducono su quella strada. Se, per esempio, siete state voi a pagare l'ultimo pranzo, fateglli sapere in anticipo che vi aspettate ricambi la cortesia: «Non dimenticarti che la prossima volta toccherà a te offrire!» Se lui esita o accampa delle scuse, ribattete: «Fammi sapere quando potrai permettertelo». In altre situazioni, se il compagno sollecita il vostro consiglio per poi risentirsene, non rispondetegli: «Beh, tesoro, forse potrei...» ma: «Che cosa pensi di fare per risolvere il problema?»

Assicuratevi che, quale che sia l'aiuto o il sostegno offerto al vostro uomo, vi sia regolarmente ricambiato. Dargli una mano sta bene, ma dovrete farlo stabilendo dei confini invalicabili. Se lui perde il lavoro, per esempio, potreste fargli un prestito, ma a patto che vi sia restituito entro una certa data. In certi frangenti è giusto assumersi più responsabilità. Nel caso in cui vostro marito stia attraversando un periodo di grande stress per gli impegni di lavoro e la malattia terminale della madre, probabilmente vi aspetterete meno da lui in termini di contributo alle faccende domestiche e responsabilità nei confronti dei figli. Discutetene apertamente, poi ristabilite altrimenti l'equilibrio nella relazione (trovate una baby-sitter che si prenda cura dei bambini il sabato, o una colf che vi dia una mano), e riducete gli altri impegni (invitate i suoi colleghi al ristorante e non a casa, fate in modo che anche i suoi fratelli siano coinvolti nell'assistenza alla madre). In seguito, finite le difficoltà, assicuratevi che riprenda i suoi compiti.

Non ascoltate i piagnistei

Come qualunque genitore può confermare, il pianto è l'arma ultima del bimbo nella guerra della volontà. Già a due anni, un figlio sa che le lacrime richiamano l'attenzione, e questa è una delle lezioni dell'infanzia che pochi dimenticano. Anche gli adulti che piangono sono in cerca di un pubblico e sanno che, se continuano a farlo, prima o poi qualcuno li sottrarrà alle loro responsabilità. Quando ci occupiamo dei problemi di un altro, o ascoltiamo le sue incessanti lamentele, quella persona raggiunge lo stesso obiettivo del bambino: è dispensato dall'affrontare lo scomodo compito di gestire la propria vita.

Il migliore atteggiamento di fronte a chi si piange addosso è rammentare che non necessariamente ha più difficoltà, o disgrazie, del resto dell'umanità. Guardatevi intorno, e vedrete persone che ogni giorno affrontano ostacoli incredibili senza piangere. Invece di concentrarvi sul problema per cui il vostro compagno si lamenta, spostate la vostra attenzione sulla sua fastidiosa reazione. Smettete di considerarla un'opportunità per sentirvi più buone perché vi dà modo di rendervi utili, e vedetela per che cosa è: una cattiva abitudine che potete aiutarlo ad abbandonare.

Se il vostro uomo è un piagnucolone, pensate a quante volte vi siete dette: «Se devo ascoltare questa storia un'altra volta…» oppure: «Non lo sopporto più». Con ogni probabilità, siete arrivate al punto che fareste di tutto pur di non sentire le sue lamentele, compreso risolvere voi stesse il problema.

Nel caso in cui lui si lagni continuamente delle stesse cose, dovete spiegargli come vi sentite e fissare un limite ben preciso: «Ti voglio molto bene, ma devo ammettere che mi sto stancando delle tue continue rimostranze sulle solite questioni. Mi piacerebbe che facessi qualcosa per risolverle, tanto per cambiare. Facciamo un patto: potrai raccontarmi le tue difficoltà solo se avrai anche un'idea di come fartene carico. Se ricomincerai a piagnucolare, ti chiederò: 'Che cosa stai facendo per uscirne?'»

Sulle prime, ci rimarrà male e penserà che non vi importi più nulla di lui. Potrebbe addirittura sfidarvi a provargli che lo amate, o accusarvi di averlo abbandonato. Per certi versi, è comprensibile: avendo tollerato in passato i suoi piagnistei, gli avevate fatto intendere di accettarli, e ora state cambiando le carte in tavola.

Fategli capire che il suo atteggiamento vi mette di pessimo umore e sta danneggiando il vostro rapporto, ditegli: «Ascoltarti è deprimente, e mi spinge a pensarti di meno». Ricordategli che ogni istante dedicato alle lamentele è sottratto a baci, coccole, risate, intimità. Accordatevi su momenti specifici in cui cercare possibili soluzioni alle sue difficoltà, o modi più efficaci di affrontarle. Proponetegli: «Possiamo discutere di com'è andata la giornata per una ventina di minuti, prima di cena, poi voglio che ci divertiamo, o che parliamo di cose allegre». Spiegategli cos'è secondo voi una relazione (una fonte di mutuo sostegno) e che cosa non deve diventare (un ambito in cui scaricare problemi e questioni che lui sceglie di non affrontare), poi mantenete le vostre posizioni. Fategli presente che i suoi piagnistei stanno pregiudicando l'equilibrio tra di voi. Ditegli che, quando si comporta così, vi obbliga a reagire non tanto come la sua donna, quanto come sua madre, e che ciò vi dà un'altra ragione per accumulare collera e rancore. Quando smetterete di dargli retta, all'inizio si sentirà ferito ma, con il tempo, lo aiuterete ad abbandonare la sua brutta abitudine e a farsi carico della sua vita.

Fate partecipe il partner dei vostri problemi

Quando diamo l'impressione di non avere problemi, calamitiamo chi ha bisogno di sostegno. Se non mettiamo bene in chiaro che dalle nostre relazioni – tutte – ci aspettiamo reciprocità, invitiamo gli altri a prenderci da punto di riferimento per la risoluzione dei loro problemi e per salvarli in caso di necessità. Magari vi sembra di tenere la vostra vita sotto controllo (specialmente se la paragonate a quella di chi vi circonda) e avete la sensazione che condividere con altri problemi, preoccupazioni e frustrazioni abbia ripercussioni negative su di voi. Potreste provare una tale repulsione verso i piagnucoloni che vi stanno attorno, da avere giurato a voi stesse di non lamentarvi mai. Questo è un errore, per due ragioni: primo, così facendo invitate gli altri ad aspettarsi, e persino a pretendere, una mano da voi. Secondo, vi private dell'opportunità di essere aiutata. Chi vi ama vuole e deve sapere che siete vulnerabili, e conoscere i vostri stati d'animo, desideri e problemi.

Le persone che vogliono essere tratte in salvo, abitualmente eliminano dall'elenco dei potenziali soccorritori quelli che sono sulla nave con loro. Non vogliono essere costretti a competere per catturare l'attenzione altrui. Dovendo scegliere tra un individuo oppresso dalle loro stesse difficoltà e un altro che sembra non averne alcuna, preferiranno quest'ultimo. Se pensate che non sia così, provate. La prossima volta in cui qualcuno inizierà a lamentarsi, unitevi a lui alla prima occasione ed esclamate: «Anch'io mi sento esattamente così». Poi, raccontategli le vostre vicissitudini e osservatelo mentre viene assalito dalla noia e scompare. Non scordatevi di spiegargli quali misure state adottando per risolvere il vostro caso, per non diventare a vostra volta delle piagnucolone.

Per la maggior parte della mia vita adulta io ho tentato di soccorrere mia madre. Ascoltavo i suoi problemi, tolleravo i suoi piagnistei e le dispensavo consigli (che lei raramente, se non addirittura mai, seguiva). Non faceva mai nulla per eliminare ciò che la tormentava o per uscire da una situazione scomoda. Un giorno, durante una telefonata, mi confidò: «A volte, vorrei suicidarmi». Quando le risposi: «In certe occasioni, anch'io», lei si interruppe e commentò: «No, tu non puoi farlo. La tua vita è fantastica». Quando le spiegai che ciò che aveva affermato non era necessariamente vero, lei sembrò a disagio e riattaccò precipitosamente. In seguito, quando cambiai e iniziai a raccontarle i miei problemi, mi tolse dal piedistallo su cui mi aveva posta e cominciò ad ascoltarmi e a farmi delle domande, e io mi sentii più amata e compresa.

Carla si rese conto che ogni telefonata con il suo fidanzato, Tom, si trasformava invariabilmente in una seduta terapeutica durante la quale lui si lamentava e lei cercava di consolarlo. Riuscì a modificare questo stato di cose rispondendo con sincerità alle sue domande. Se lui le chiedeva: «Come stai?» lei gli raccontava il problema del momento, sottolineando ciò che stava facendo per risolverlo. Se lui si lagnava, lei evitava di offrirgli consigli o aiuto. Trascorsi cinque minuti, tentava di cambiare argomento e, se non ci riusciva, si limitava a commentare: «Tom, credo che il fatto che io continui ad ascoltarti sia controproducente. Non chiude la questione, e poi sono sicura che riuscirai a trovare una via d'uscita». Tom fu preso alla sprovvista, ma dopo che Carla gli ebbe riproposto diverse volte lo stesso atteggiamento distaccato, cominciò a pensare meno ai problemi in sé, e a impegnarsi di più a risolverli. Una volta osservò: «Sai, non avevo mai riflettuto sul fatto che anche tu potessi incontrare delle difficoltà. Sembrava che avessi tutto sotto controllo. Mi dispiace davvero».

Svezzate

Se negli ultimi tre anni vostro marito ha fatto conto su di voi per l'aspetto economico e vi siete stancate, sarà difficile dirgli: «Adesso basta!» Potreste però svezzarlo gradualmente dal suo comportamento. Iniziate dicendogli che non siete più disposte a farvi carico di tutte le entrate famigliari, e spiegategliene i motivi. Forse state facendo gli straordinari per saldare i debiti, o avete rimandato l'iscrizione alla scuola serale per completare il master. Oppure, può darsi che vogliate semplicemente dedicare più tempo a voi stesse. Fissatevi degli obiettivi minimi, realistici. All'inizio lui dovrà essere in grado di contribuire, diciamo, con il 15 per cento, o pagare la frutta, la verdura e il proprio abbigliamento. In seguito, aumentate gradualmente la somma che desiderate ricevere da lui, finché i vostri contributi saranno distribuiti più equamente. Potrete applicare gli stessi principi per correggere qualsiasi squilibrio: nelle faccende domestiche, nella cura dei figli, nel tempo trascorso con i rispettivi genitori e così via.

Moderate la vostra tendenza a fare le «crocerossine»

Prima di offrirvi di aiutare qualcuno, chiedetevi quali sacrifici dovrete affrontare per farlo, e se provereste risentimento nel caso in cui non riceveste nulla in cambio. Non convincetevi del fatto che l'altro, «questa volta», ce la farà; prendete la vostra decisione basandovi sulla peggiore delle ipotesi. Se non potrete permettervi di acquistare il biglietto aereo per andare al matrimonio della vostra migliore amica perché avrete dovuto pagargli di nuovo l'affitto, non vi farete sopraffare dal rancore? Se rimarrete bloccate a casa per tutta l'estate con vostra suocera perché vostro marito si sente in obbligo di invitarla ma poi non riesce a sopportarla, non ve la prenderete? La domanda giusta è: «Ce l'avrò con lui?» non: «Perché lo sto facendo?» né: «Che cosa accadrà se rifiuto di farlo?» né: «Come reagirà se mi impunto?» Se comprendete che vi sentireste in collera e piene di risentimento, non fatelo. Il rancore provoca danni irreparabili alla relazione.

Ricordate che state tenendo sotto controllo il vostro comportamento per cambiare il suo. Soprattutto non offrite consigli o aiuto non richiesti. Se volete dare un suggerimento al partner, prima chiedetegli: «Vuoi sapere che cosa farei se fossi in te?» Spiegateglielo solo se risponde di sì. Allo stesso tempo, smettete di dare ascolto alle sue lamentele o ai suoi: «Sì, ma...» Se rifiuta le vostre proposte o vi dice che non funzioneranno, per poi ricominciare a piagnucolare, fermatelo: «Ti ho detto come la penso. Non c'è altro che possa fare per aiutarti. Capisco come ti senti e ti sono vicina, ma ripetere sempre le stesse cose non porta a nulla».

Per svezzare un uomo abituato a prendere, non solo dovrete cessare di ascoltare le sue lamentele, ma anche tenere a bada i vostri stati d'animo, soprattutto il timore di perdere il controllo su di lui e la relazione. Potreste essere abituate a soccorrere e a fare delle cose per gli altri al punto da non vedere con chiarezza la natura della vostra nuova funzione. Iniziate immaginando una relazione più paritaria, in cui il partner sappia prendersi cura di voi e sostenervi, e un rapporto interamente fondato sullo scambio. Individuate ciò che volete, e quale vi piacerebbe fosse la vostra posizione. Poi, condividete i vostri desideri con il compagno e aspettate; modificare i vostri comportamenti richiederà tempo e pazienza. Qualunque cosa facciate, resistete alla tentazione di tornare sui vostri passi correndo in suo aiuto, anche se significasse porre fine al vostro legame.

Un'ultima parola sulle «crocerossine»

Soccorrere il partner è un errore che vi porta al controllo, alla condiscendenza e alla frustrazione. Non aiuta mai né lui, né la relazione, e prima o poi il sentimento iniziale è avvelenato dal mutuo rancore e dalla constatazione che le vostre necessità siano regolarmente trascurate. Non è né virtuoso, né saggio fare per un altro più di quanto lui sia disposto a fare per sé o per voi. Nessuno attraversa la vita incolume, senza mai finire in un punto in cui la corrente è impetuosa o l'acqua profonda. Se il vostro compagno non ha ancora imparato a nuotare, è tempo che lo faccia. Se rifiuta o «non ci riesce», allora dovrete riconoscere la sua posizione per ciò che è: una scelta. La prossima volta, prima di tuffarvi alla cieca, ricordate che se lui affonda porta con sé voi e la vostra unione. Soccorrerlo non salva nessuno. Raccogliete le vostre energie, invece, e utilizzatele per ottenere il meglio dalla vostra esistenza.

8

Errore numero sei: dare l'altro per scontato

GIORGIO, quarantaquattro anni, e Susy, trentotto, erano sposati da sette anni e avevano un figlio di quattro, Franco. Quando era nato il bimbo, lei aveva lasciato il lavoro di reporter per un quotidiano, e lui, investigatore di polizia con i requisiti idonei al prepensionamento, nel periodo di ristrettezze economiche aveva tenuto due corsi serali presso un'università vicina a casa. All'inizio, Lea pensava che si sarebbe occupata di Franco finché non fosse andato a scuola, poi le era stata offerto un posto di redattrice in una rivista. Lo stipendio era ottimo, e le sarebbe stato possibile lavorare a casa due giorni la settimana. Dato che non vedevano l'ora di portare a termine la ristrutturazione della loro casa vittoriana e di ricominciare a spendere senza preoccupazioni, avevano deciso di comune accordo di accettare la proposta.

Poiché il capo di Susy l'aveva avvertita che le sarebbe potuto accadere di dover fare brevi viaggi con poco preavviso e parecchie ore di straordinario durante le settimane precedenti le scadenze, lei e il marito avevano assunto Lea, una baby-sitter a tempo pieno (ma che non avrebbe abitato con loro). Susy aveva pensato:

179

Giorgio potrà lasciare i corsi serali, e avremo di nuovo un po' di tempo da dedicare a noi. Ma subito dopo, gli era stato offerto il lavoro della sua vita: la possibilità di tenere più corsi universitari, con l'intesa che, quando sarebbe andato in pensione, avrebbe avuto la carica di assistente. E lui aveva immediatamente accettato.

I primi mesi si erano goduti la sensazione di avercela fatta. Avevano acquistato un furgoncino nuovo, speso diverse migliaia di dollari per la casa e affittato un cottage al mare per le vacanze.

A giugno, il capo di Susy si era improvvisamente licenziato e lei era stata costretta ad assumersi «temporaneamente» le sue mansioni. Suo marito non rientrava prima delle nove tre sere la settimana, e Lea aveva acconsentito a trattenersi più a lungo, ma solo a patto di trascorrere la notte nella stanza degli ospiti. Ritenendo di non avere altra scelta, la coppia aveva a malincuore accettato.

In autunno, Giorgio e Susy sembravano avere tutto, tranne un po' di tempo per se stessi: erano riusciti ad andare al cottage sulla spiaggia solo tre volte in tutta l'estate. Il sabato trascorreva tra noiose commissioni: la lezione di Franco; la tintoria, l'autolavaggio, il supermercato e quant'altro. Alle nove di sera entrambi si addormentavano sul divano di fronte al televisore. La domenica andavano in chiesa, poi pranzavano con la madre di lui o i genitori di lei. Più tardi, uno si occupava di Franco, mentre l'altro sbrigava le faccende domestiche. Le poche conversazioni tra loro riguardavano più che altro il giocattolo preferito del figlio, o la conferma dei rispettivi impegni della settimana successiva. Il loro lungo bacio di commiato del mattino era stato sostituito da qualcosa come: «Martedì pomeriggio, dopo essere andato a prendere Franco, non scordarti di passare dal veterinario a prendere Muffy».

«D'accordo. E ricordati che hai promesso di portare mia madre a fare acquisti, mercoledì sera.»

«Non preoccuparti. Ciao!»

«Ciao!»

Un giorno, quando Susy si trovava fuori città, la baby-sitter telefonò di non poter andare perché era malata e Giorgio rimase bloccato in casa con il figlio. Mentre leggeva un fax proveniente dal suo ufficio («urgente», tanto per cambiare) e contemporaneamente andava ad aprire a qualcuno che bussava alla porta, Susy chiamò: «Tesoro, ho perso il volo e non sarò a casa prima di domani. Ti prego di non dimenticarti dell'impegno di Franco con i suoi amichetti, e poi, lo sai, avevo detto a mio padre che gli avresti dato una mano a trasportare quei mobili». Prima che lui potesse ribattere, o anche solo sussurrarle una tenerezza, riagganciò salutandolo frettolosamente. Giorgio riappese con la sensazione di essere stato sopraffatto dagli eventi, e soprattutto di non essere amato. Chi crede che sia, si chiese, il garzone tuttofare? Che cosa diavolo è successo al nostro matrimonio? Non potrebbe almeno dirmi 'per favore' e 'grazie'? Ovviamente, non ebbe neppure il tempo di riflettere sul suo stato d'animo. Dall'altra parte della stanza, il piccolo Franco, armato di un martello di plastica, stava battendo con forza la sua carta di credito giocattolo nel floppy drive del computer di Susy.

È facilissimo smettere di apprezzare ciò che abbiamo, specialmente quando si tratta di qualcosa che non facciamo fatica a procurarci, o che abbiamo da molto tempo. Dice il proverbio che si chiude il recinto quando i buoi sono scappati, e ciò è vero soprattutto nel caso delle relazioni sentimentali. Quando troviamo il vero amore, diamo per scontato che ci sarà sempre. Può darsi che all'inizio dimostriamo molto apprezzamento per le qualità del partner che ci fanno sentire più sicure (affidabilità, costante presenza, disponibilità ad aiutarci) e che siano proprio questi suoi pregi a farcelo amare. Ma se non stiamo attente, arriveremo a considerare le sue premure scontate e inamovibili come il vecchio divano in soggiorno. Non solo abbiamo tutti bisogno di affetto e apprezzamento, ma anche la necessità di sentirci ripetere ogni giorno che qualcuno ci ama.

Se vi capita di pensare: Ma lui sa benissimo che lo amo, oppure: Non ha nulla in contrario a trascorrere tutti i sabati pomeriggio con i miei genitori, fate un esame di coscienza. Gli avete detto che lo amate? Gli avete domandato se sa quanto? Siete sicure che è contento di dover passare tutto quel tempo con la vostra famiglia? Quando diamo qualcuno per scontato, immaginiamo tutta una serie di cose su di lui. Tuttavia, se le guardiamo da vicino, ci rendiamo conto che in genere sono soltanto delle illazioni.

Questo è un errore che commettiamo più o meno tutte, e cui dovremmo prestare particolare attenzione perché segna l'inizio dell'esaurimento della passione. Nel prossimo capitolo discuteremo come mantenere viva la relazione sessuale e approfondire l'intimità fisica, ora occupiamoci invece di una questione molto più comune e insidiosa. Non sono due problemi separati, ma due fermate lungo un'unica, cattiva strada. Dare il compagno per scontato può senz'altro causare un indebolimento dell'intesa sessuale, ma dovrebbe essere considerato un fatto grave in sé.

Ogni coppia rischia di incappare in questo ostacolo, e il pericolo aumenta con il passare del tempo. Ciò accade perché, quando in una relazione iniziamo a sentirci sicure, non abbiamo l'esigenza di fare uno sforzo, dimostrare una particolare considerazione, trovare il tempo per un gesto affettuoso nella nostra giornata superimpegnata. «In fondo», ci diciamo, «so che mi ama, e anche lui dovrebbe essere sicuro del mio amore.» Potrebbe essere vero, ma è proprio qui che nasce il problema: anche se il partner è consapevole dei vostri sentimenti, se iniziate a darlo per scontato non sentirà più il vostro affetto.

Erano sette anni che Alan e io vivevamo insieme; mi sentivo tranquilla e sicura. Dal giorno in cui ci eravamo reciprocamente impegnati a formare una coppia, lui si era sempre dimostrato affidabile e si era comportato coerentemente con quanto aveva promesso, senza mai darmi motivo di dubitare delle sue parole. La sera, quando ci ritrovavamo, mi accoglieva con un sorriso affettuoso e mi riservava tutta la sua attenzione mentre gli raccontavo la mia giornata. A differenza di quanto mi era accaduto nelle relazioni precedenti, ero sicura del fatto che lui sarebbe sempre stato al mio fianco. Poi, una sera, d'un tratto, Alan mi telefonò più tardi del solito e mi sembrò strano. Si stava allontanando da me, e non riuscivo a capirne la ragione. Dopo molte chiacchierate sull'argomento, finalmente mi spiegò di avere l'impressione che lo stessi trascurando e lo dessi per scontato. C'erano stati anche altri segnali di pericolo: più precisamente, diverse giovani donne sembravano apprezzare un po' troppo la sua compagnia. Lui mi rassicurò, spiegandomi che non aveva neppure preso in considerazione la possibilità di un'altra storia ma, guardando indietro, mi rendo conto che, se avessi continuato a quel modo, lui avrebbe potuto lasciare che una di loro gli riservasse le attenzioni che io non gli dedicavo più.

Quella non era la prima volta in cui mi veniva rimproverato un comportamento poco premuroso. Quando avevo smesso di fare la «crocerossina», mi ero concentrata molto su me stessa (è facile passare da un estremo all'altro). Qualche anno prima, le mie amiche mi avevano accusato di reputare il mio tempo più importante del loro, di parlare sempre di me stessa e di pretendere che fossero disponibili ogni volta che avevo un momento libero. E avevano ragione. Ora stavo ripetendo lo stesso errore con l'uomo che amavo. All'inizio avevo apprezzato le sue premure e la sua affidabilità, e glielo avevo ripetuto spesso. Poi, a mano a mano che mi ero abituata alle sue qualità e mi ero sentita più a mio agio nella relazione, avevo dato per scontato che le cose non sarebbero cambiate perché Alan era fatto così, non avrebbe mai smesso di essere l'uomo responsabile sul quale poter sempre fare affidamento. Il suo improvviso cambiamento mi fece rivedere le mie convinzioni e smettere di darlo per scontato. Per fortuna, lui era stato tanto aperto e onesto da farmelo capire prima che fosse troppo tardi.

Siamo convinte che una relazione sia come una bottiglia di champagne già stappata, dunque destinata a perdere l'effervescenza. Quando ci ritroviamo ad ascoltare il partner solo per metà, trascorriamo ogni momento insieme sbrigando commissioni, e lasciamo che gli impegni quotidiani tolgano tutta la spontaneità, la gioia e la tenerezza al nostro rapporto, non solo lo priviamo di freschezza e vivacità, ma rischiamo di danneggiarlo irreversibilmente.

«Non abbiamo tempo per noi»

Roberto e Celeste erano la tipica coppia di lunga data che considera scontato il rapporto. L'avvocato che avevano consultato per avviare le pratiche per il divorzio li aveva indirizzati a me quando avevano cambiato idea, decidendo di fare un ultimo tentativo prima di lasciarsi. Nel periodo dell'inizio della terapia, la loro relazione era disastrosa: lui era talmente depresso da nutrire propositi suicidi e lei, che non lavorava da tre anni, si sentiva inutile sia in casa sia fuori. Sembravano molto diversi su tutto. Sul lavoro Roberto era molto coscenzioso, e Celeste pareva esserlo a sua volta, ma solo riguardo a lui, il marito che doveva portare a casa uno stipendio sostanzioso; certamente, non nei confronti di se stessa. Lei adorava chiacchierare di continuo, lui desiderava pace e tranquillità. A lui sarebbe piaciuto viaggiare dopo la pensione, lei rifiutava di salire su un aereo. Si erano incrociati per oltre vent'anni nel corridoio, poi un bel giorno si erano svegliati e si erano chiesti perché mai fossero rimasti insieme tutto quel tempo.

Tra loro non era rimasto un grande legame, quindi ricostruire la relazione sarebbe stato difficile. Con gli anni avevano smesso di tentare di mantenere o sviluppare interessi comuni, e ognuno si era dedicato ai propri. Dal momento che Roberto aveva fatto parte del mondo degli affari e lei invece era rimasta a casa finché i figli erano andati alle superiori, erano diventati due estranei.

Non solo si erano reciprocamente dati per scontati, ma non sapevano nemmeno che cosa significasse trascorrere del tempo *insieme*. Avevano consentito a chiunque di intromettersi nella loro vita: ai tre figli ormai adulti, ai nipotini e ai genitori. I rapporti con parenti e amici erano migliori di quelli tra loro. Nessuno dei due aveva conservato un barlume di energia e amore per se stesso, né tanto meno per l'altro. Quando chiesi al marito quale desiderio avrebbe espresso se avesse avuto una bacchetta magica, rispose: «Un giorno dedicato a me stesso, figli autosufficienti, moglie indipendente e genitori economicamente più sicuri». E che cosa avrebbe voluto Celeste? «L'appagamento emotivo dal rapporto con mio marito.»

Quando Roberto capì a che punto si fossero spinte le cose, si rese conto che la loro casa era divenuta teatro di giochi di potere sulla gestione delle responsabilità, e che il loro matrimonio non compariva nella lista delle priorità. Dal momento che si era creata tra loro una distanza abissale, non riusciva a immaginare come avrebbero potuto rimettere in sesto la relazione. Per esempio, lui avrebbe voluto acquistare una motocicletta, mentre lei preferiva risparmiare in vista di quanto sarebbero stati due anziani pensionati. Celeste, anzi, gli disse chiaramente che un nonno di cinquantanove anni non sarebbe dovuto andare in giro in moto. Ogni volta che Roberto esprimeva le sue idee alla moglie se ne pentiva, perché non riceveva attenzione e sostegno. Quella era la ragione per cui aveva iniziato a sentirsi un compagno di stanza e aveva smesso di parlarle delle cose che lo interessavano.

I due consideravano ovvia tutta la loro vita, che era divenuta una noiosa routine di obblighi. Lui diceva: «Trascorriamo invariabilmente la domenica con la mia famiglia». Celeste raccontava: «Dopo il lavoro mio marito torna sempre subito a casa». I «noi sempre» e «noi mai» regolavano la loro esistenza, lasciando poco spazio a libertà, spontaneità e avventura. Non c'è da stupirsi che Roberto avesse cominciato a pensare di partire in motocicletta e non tornare mai più.

I molti modi in cui diamo il partner per scontato

I comportamenti che segnalano l'abitudine all'altro vanno dal dimenticarsi di dire: «Ti amo» almeno una volta al giorno, ad avere una relazione extraconiugale. Questo è un altro errore radicato nelle false convinzioni e alimentato dalle supposizioni su come dovrebbero andare le cose in amore. Ecco gli atteggiamenti sotto accusa.

Facciamo ciò che fanno tutti gli altri

Spesso ci comportiamo esattamente come altre coppie che commettono i nostri stessi errori.

Se vi rendete conto di dare il vostro compagno per scontato, non giustificatevi dicendovi che la maggior parte delle persone che conoscete si comporta più o meno così. È vero, voi e il partner non siete gli unici a sprecare un sabato pomeriggio di sole curiosando tra i corridoi di un ipermercato specializzato nel bricolage, che sembrano avere inserito il pilota automatico, o che si ignorano durante una festa. Ma il fatto di essere in nutrita compagnia non diminuisce i rischi che correte scegliendo di percorrere quella via.

Molti comportamenti e atteggiamenti che riteniamo tipici e naturali nel rapporto di coppia (interrompere l'altro, brontolare, trattarsi più come amici di scuola che come amanti) sono spie di questo errore. Sarebbero tollerati a stento da o verso un estraneo, ma non troviamo sbagliato reiterarli con il partner. «D'altra parte», potreste dirvi, «tutti fanno le stesse cose.» Può darsi, ma se volete una relazione più sana e forte di quelle che vedete intorno a voi, dovete imparare a riconoscere quando sbagliate, e a rimediare alle vostre mancanze.

Smettiamo di mettere il nostro compagno in cima alla lista delle priorità

Quando vi siete conosciuti, avevate in mente obiettivi molto precisi: far crescere l'amore tra di voi, allacciare una relazione, magari sposarvi, formare una famiglia, mettere su la vostra casa. Tutti questi progetti erano alimentati dall'amore, non l'affetto tra amici, ma il sentimento romantico, coinvolgente, appassionato di allora. È stata quella forza d'attrazione a spingervi l'uno verso l'altra e a far avverare i vostri desideri. Giorgio e Lea sono un classico esempio di coppia fattasi prendere da ciò che ha creato (il figlio, una casa da sogno e così via), da dedicare il tempo a tutto tranne che al sentimento che aveva dato vita a tutto ciò. Sia che vi comportiate così perché siete sempre di fretta, sia che lo facciate perché credete davvero che i vostri sentimenti bastino a se stessi, il risultato che otterrete è tristemente prevedibile: l'amore sbiadirà.

Tutte abbiamo delle responsabilità, ma possiamo anche fare delle scelte. Potremmo essere assorbite dalla carriera professionale, o smaniose di avere una casa da rivista di arredamento, essere certe che trascinare i figli qua e là per permettere loro di seguire una dozzina di attività sportive e culturali sia tempo ben speso, o che mantenere un certo tenore di vita sia estremamente importante. Noi donne siamo preparate a fare troppo, e forse è questa la ragione per cui ci ritroviamo esauste e troppo impegnate. Per quanta soddisfazione possiamo trarre dai compiti che portiamo a termine, dobbiamo essere consapevoli di qual è il prezzo da pagare. Quando scegliamo di mettere tempo ed energie al di fuori della relazione, questa e il nostro partner ne soffriranno.

Smettiamo di dimostrargli il nostro interesse

In amore, i piccoli particolari hanno grande significato. Un grazie di cuore, un bacio o un abbraccio inaspettato, dirgli di dormire fino a tardi la domenica mentre lo sostituite nella passeggiata con il cane, sono tutti modi per dimostrargli che lo pensate e che è importante. In una relazione equilibrata e serena, questi gesti sono ricambiati spontaneamente. Quando siete fuori tra la gente, dovreste trattarvi con la stessa cortesia che rivolgete agli altri, vale a dire ascoltarlo parlare (senza interromperlo per correggerlo o aggiungere qualche particolare che ha tralasciato) e invitarlo a unirsi a voi nella conversazione. Può succedervi di dare per scontata la sua opinione e prendere delle decisioni che riguardano anche lui – sui figli, il fine settimana, le vacanze, la casa – senza prima averlo consultato. A volte è inevitabile che accada, e potreste avere già concordato che certe decisioni spettano a voi, o forse a lui non interessa decidere dove trascorrete il sabato sera. In questo caso l'errore è presumere di sapere senza dover chiedere.

Manchiamo di rispetto al partner e alla relazione

Una volta «sistemate», spesso si smette di vedere il rapporto di coppia come una realtà in crescita, in mutamento,

e si inizia a considerarlo un dato di fatto, qualcosa di acquisito, con cui bisogna imparare a convivere. Spesso si
tratta il compagno in modo irrispettoso, come si fa con i
parenti. Talvolta ci capita di iniziare a percepirlo non tanto
come un individuo separato, ma piuttosto come un'esten-
sione di noi stesse, più o meno come capita ai genitori con
i figli. Tutto d'un tratto, ogni sua mancanza ci fa fare brutta figura, e quindi ci sentiamo giustificate a brontolare e criticarlo, per adeguarlo alla nostra idea. Quando parla, an-
nuiamo ma sbirciamo il televisore, ascoltando solo per
metà ciò che ci sta dicendo e dandogli risposte prive di senso. Invece di tentare di correggere i problemi della relazione, li attribuiamo al suo carattere. Presupponiamo che non
cambierà mai, e quella è la motivazione che ci diamo per
non fare alcun sforzo. Poi, dimentichiamo persino che, a
differenza della famiglia da cui proveniamo, quella con lui
l'abbiamo scelta.

Indipendentemente da quanto dichiariamo di amare i
nostri famigliari, spesso tra consanguinei si sopportano
pazientemente i comportamenti peggiori. E, se siamo
oneste con noi stesse, sappiamo che rimarremmo mortifi-
cate se gli amici o i colleghi avessero assistito ad alcuni
episodi verificatisi in casa nostra. Di solito i famigliari hanno con noi rapporti stretti, ma possono anche essere di-
stanti, prepotenti, manipolatori e sgradevoli, adagiati nella certezza che tra parenti tutto è permesso e che,
comunque vadano le cose, la famiglia è sempre la famiglia. Considerando il nostro compagno nello stesso modo, ci allontaniamo anni luce dall'oggetto romantico del
nostro desiderio. A volte arriviamo a tanto perché ci ade-
guiamo agli esempi che vediamo intorno a noi, altre perché abbiamo accumulato rancori, ma, invece di affrontare
il partner e spiegargli oggettivamente che cosa ci fa soffrire, gli sferriamo attacchi indiretti, colpendolo su vari fron-
ti. In ogni caso, il motivo per cui perdiamo il rispetto per

il nostro uomo è irrilevante, il problema è che l'amore romantico non sopravviverà alla sua mancanza.

Il tempo che passiamo insieme è sempre più scadente

Siamo sempre a corto di tempo e quindi, se ci è possibile, tendiamo a fare le cose con il compagno. Il problema è che l'amore tra voi non ha messo radici semplicemente perché stavate insieme; è nato e cresciuto perché vi ritagliavate dei momenti per andare in posticini speciali, fare le cose che vi piacevano, condividere i vostri sentimenti. Quando mi riferisco alla qualità del tempo trascorso insieme, non immagino che tutti i vostri incontri avvengano su una spiaggia tropicale di sabbia bianca. (Anzi, molte coppie commettono l'errore di aspettarselo, ma ovviamente succederà troppo tardi), ma vivere insieme tutta una serie di esperienze banali o scadenti può rivelarsi dannoso quanto non vedersi affatto. Il ripetersi di episodi di questo genere scoraggia la comunicazione profonda e l'intimità, e/o ruba spazio ad altre attività più piacevoli. Sprofondare uno accanto all'altra sul divano senza chiacchierare, né coccolarsi, limitandosi a guardare distrattamente qualunque programma la TV ci propini, giocare con i figli o sbrigare le faccende, non rievocherà mai l'armonia dei momenti trascorsi dedicandosi ai passatempi comuni preferiti.

Le donne assillate dai mariti da poco in pensione, le coppie che gestiscono un'attività in comune e quelle che insistono nel fare tutto insieme, da pagare le bollette a piegare la biancheria, vivono tutte relazioni in cui la qualità del tempo passato con l'altro è scadente. Lo stesso problema è lamentato dai coniugi che si fanno intrappolare dalla routine, passando ogni domenica con tutta la famiglia, tralasciando opportunità più divertenti, dedicando ogni sabato alle faccende domestiche. Se il vostro tempo insieme è poco stimolante e tedioso, non solo vi annoierete entrambi, ma rischierete che il compagno pensi che *voi* siate poco stimolanti e tediose. E potrebbe non avere torto, dal momento che più starete insieme senza fare nulla, meno vi dedicherete a voi stesse, perdendo la vostra vivacità.

Per evitare questo errore, verificate se i programmi per il prossimo incontro supererebbero il test dell'appuntamento galante. Probabilmente non siete stati gli unici due a trascorrere l'ultimo fine settimana di sole alla ricerca di un regalo per il compleanno di sua madre, acquistando quaderni e materiale per la scuola per i figli, o valutando i vari modelli di sega circolare in commercio. Ma chiedetevi: È di questo che sono fatti i ricordi? Sono quelli i luoghi in cui ci piaceva andare anni fa quando ci vedevamo?

Certamente, avete precisi compiti e responsabilità, e mentre alcuni richiedono la presenza di entrambi, ce ne sono sicuramente altri che potete evitare o sbrigare separatamente. Giorgio e Lea per esempio, non potendo dedicarsi più tempo a causa dei numerosissimi impegni, impararono a distribuire meglio quello che avevano a disposizione. In cambio di mezza giornata libera durante la settimana Lea, la loro baby-sitter, si rese disponibile a prendersi cura di Franco il sabato sera, e loro due ricominciarono a uscire. Si accordarono per sbrigare ognuno un paio di commissioni alla settimana, così il sabato e la domenica sarebbero stati più rilassanti. Infine, lasciarono il nipotino ai nonni dopo la messa (il che significava più tempo per loro due), ma chiarirono che non si sarebbero fermati a pranzo da loro tutte le domeniche.

Creiamo dei legami emotivi al di fuori della relazione

Chiedetevi: Quando mi accade qualcosa di bellissimo o terribile, chi è la prima persona cui telefono e con cui ne parlo di più? Se non si tratta del vostro compagno, allora siete emotivamente più legate a qualcun altro. Potreste dirvi: D'accordo, ma è mia madre/mia sorella/la mia amica. Non va bene? Quando le mie clienti discutono con il marito della sua scarsa disponibilità emotiva, la prima cosa che questi signori rispondono è: «Se tu non fossi sempre al telefono con tua madre/tua sorella/la tua amica, magari potrei essere lì con te».

Spesso facciamo affidamento sul sostegno emotivo di altre donne ed escludiamo il partner, magari senza neppure rendercene conto. Alcune sono addirittura convinte di non avere alternativa. Quando non riescono ad aprire un dialogo con il compagno, di solito rinunciano e, invece di risolvere il problema insieme con lui, ricorrono alla collaudata rete di soccorso femminile.

È spesso la nostra paura di essere giudicate o rifiutate a impedirci di esprimerci con il nostro uomo. Così facendo, però, allentiamo il legame che ci unisce a lui e non soddisfiamo il nostro desiderio di intimità; continuiamo ad avere la sensazione che ci manchi qualcosa. Ecco perché le persone finiscono in relazioni extraconiugali anche se in realtà non lo desiderano: hanno bisogno di parlare con qualcuno.

Ho già affrontato la questione nel Capitolo 4, e mi ripeterò, a costo di annoiarvi, perché la giudico estremamente importante: facendo entrare altri nella vostra relazione, confidando loro dei segreti o facendo sesso, commettete un'infedeltà emotiva. Parlare del partner mettendolo in cattiva luce è particolarmente dannoso. Per esempio, Celeste sopportava il suo disappunto nei confronti di Roberto e della loro relazione perché, quando era in collera, chiamava al telefono sua sorella e per un'ora si lamentava con lei di quanto lui fosse distante.

Talvolta razionalizziamo questi comportamenti dicendoci che stiamo proteggendo il compagno. Di fatto, invece, scalfiamo il legame che ci unisce, poiché gli stati d'animo che nutriamo, così come le ragioni che li hanno provocati e i problemi che creano, non scompariranno per incanto. Se non gli comunichiamo che cosa ci assilla, lui non potrà fare nulla per porvi rimedio.

Perché diamo il compagno per scontato

È più facile innamorarsi che rimanerlo

Quando ci innamoriamo, sulle prime tutto è molto semplice. Poi, una volta assestati nella relazione e superati traguardi importanti, dimentichiamo che cosa ci aveva spinti a raggiungerli. Decidiamo di avere bisogno di un aumento di stipendio, e per sei mesi ci concentriamo sul lavoro. Ci sentiamo stanchi e sopraffatti, allora tentiamo di evitare episodi spiacevoli in famiglia tenendoci dentro i nostri stati d'animo. Quando Giorgio guidava verso casa dopo una giornata lunga e difficile, l'ultima cosa che desiderava era la lite che avrebbe scatenato se le avesse chiesto di dedicare meno ore alla redazione della rivista. Roberto aveva sempre lasciato correre, ma continuava a credere che un giorno avrebbe spiegato a Celeste come si sentiva; quando si era deciso, però, era troppo tardi, lei voleva il divorzio e le sue parole non sortirono alcun effetto.

Pensiamo di poter rimandare a data da destinarsi una certa conversazione, la cena romantica o un'occasione speciale, ma il momento giusto non arriva mai. Il lavoro, la casa, i figli, i suoceri: c'è sempre qualcosa. La relazione finora ha sopportato di tutto; siamo certe, o almeno speriamo, che resisterà anche a questa alluvione di negligenza. Sarà ancora lì quando, prima o poi, potremo occuparcene.

Chi la pensa così si candida a delusioni amare. Certo, i periodi di difficoltà e stress possono rafforzare le unioni, ma solo se esistono un legame solido e la disponibilità di entrambi a parlare e sostenersi. Il vostro compagno, come tutti, ha bisogno di attenzione, amore e rispetto, specialmente nei momenti di crisi. Trovare un modo per soddisfare le esigenze emotive fondamentali fa parte della natura umana. Un uomo trascurato inizierà a negarvi il suo amore, o troverà una donna che lo sappia apprezzare, o entrambe le cose. Ogni relazione ha delle incomprensioni, e prima o poi tutte ci sentiamo fraintese, trascurate, poco apprezzate, ferite. Quando siamo sotto stress – per colpa del nostro compagno o per altre ragioni – e non troviamo il tempo di discutere onestamente i nostri sentimenti, ce li portiamo dentro finché il rancore ci impedisce di essere aperte all'amore. Spesso usiamo il risentimento per giustificare i nostri errori, e la relazione ne soffre ancora di più.

Non siamo più innamorate di lui

Forse sentite di non essere mai state veramente innamorate del vostro compagno. Forse vi siete sposate in giovane età, o d'impulso, o per disperazione e paura della solitudine e, conoscendolo meglio, avete capito di non essere fatti l'uno per l'altra. Magari siete semplicemente maturate e cambiate, tanto da non poter proseguire una relazione onesta e valida. Oppure continuate ad amare il partner, ma avete smarrito la componente passionale e romantica del sentimento che vi lega, e provate per lui affetto e stima perché è il padre dei vostri figli, o perché mantiene la famiglia.

Finito l'innamoramento, è difficile serbare integro un legame schietto. Fingendo per il vostro uomo un amore che non provate più, rischiate di ferirlo e di smarrire il senso di voi stesse e la passione per la vita. Se pensate di non esserne più innamorate, dovete affrontare il problema e discuterne con lui. Raramente il sentimento si riaccende; una volta spento, rimanere e dare l'altro per scontato non farà bene a nessuno dei due.

Non siamo più la sua amante

Nelle relazioni tradizionali, è normale che i partner assumano determinate parti: lui il lavoratore, lei la massaia. Oggi, persino quando lavoriamo entrambi, a volte manteniamo certe convinzioni e suddivisioni di compiti. Se anche voi interpretate parti diverse, finché vi ricordate di farlo spesso non c'è nulla di male. Purtroppo, poche hanno avuto degli esempi validi per creare una coppia che, pur lavorando e occupandosi dei figli, mantenga vivo il lato romantico e passionale del rapporto.

Molti rimangono sposati per anni lasciandosi distrarre dal lavoro, dai figli, dalla costruzione di una casa o dal mantenimento della famiglia. Non si rendono conto di avere offuscato e soffocato il loro legame, finché un giorno scoprono all'improvviso che i figli sono cresciuti e se ne sono andati. Portato a termine il compito di madri e padri, si ritrovano attori senza una sceneggiatura, proprio come Roberto e Celeste dopo vent'anni passati a prendersi cura della «famiglia». Non sanno che cosa dire, fare, e provare. Sono maturati e cambiati e ormai non si riconoscono più nella veste romantica di anni, o decenni, prima. Per lo più si rifugiano nel porto sicuro dei doveri famigliari e rimangono insieme per il bene dei figli e dei nipoti, o perché temono di non trovare una nuova identità dopo il divorzio. Probabilmente usano il lavoro, la casa o i passatempi per continuare a vivere insieme, ma per i motivi sbagliati.

Ci concentriamo troppo su noi stesse

Una delle ragioni che mi portò a dare Alan per scontato fu l'eccessivo interesse per me stessa. La mia carriera stava andando a gonfie vele, quindi mi ci ero gettata a capofitto. Viaggiavo, parlavo molto della mia vita, trascorrevo più tempo totalmente assorbita dai miei obiettivi professionali. Lui mi semplificava le cose ascoltandomi, offrendomi il suo sostegno, e raccontandomi sempre meno sul suo conto. In quel periodo non era particolarmente soddisfatto del suo lavoro e stava pensando di cambiarlo, perciò gli era difficile interrompermi e dirmi: «Sono felice per te. Ora senti che razza di giornata ho avuto io». Quando Alan smise di parlarmi di ciò che gli stava accadendo e di chiedere la mia attenzione, io lo fraintesi, e interpretai il suo atteggiamento come un segnale di benessere e del desiderio di conoscermi il più a fondo possibile. Non riuscii a intuire che, parlando troppo di me stessa, gli inviavo un messaggio di disinteresse verso di lui e i suoi problemi. Nulla avrebbe potuto essere più lontano dalla verità ma, tutta presa dalla mia vita e di fronte al mio unico spettatore apparentemente rapito, persi di vista la strada giusta. Invece di usare la comunicazione per far entrare Alan nel mio mondo e divenire parte del suo, sbandieravo i miei traguardi e i miei trionfi, mettendo in ombra qualunque cosa lui dicesse.

È possibile che non vi sentiate particolarmente motivate ad ascoltare il vostro compagno se l'argomento di cui vi parla – il suo lavoro, lo sport – non vi è familiare. Ed e Sonia, due miei amici, quando si conobbero lavoravano entrambi nell'editoria. Per i primi anni di convivenza, lei ascoltò volentieri i racconti del partner sulle vicende dell'ufficio, ma quando Ed avviò un'attività di consulenza per la costruzione di siti in Internet, si estraniò. Lui se ne rese conto e prese a sua volta le distanze. Più avanti suggerii a Sonia di chiedergli, non appena lui avesse voluto metterla a parte delle sue vicissitudini professionali, maggiori ragguagli sulle sensazioni provate, lasciando da parte i particolari tecnici. In quel modo, le sarebbe stato possibile riorientare la conversazione e condurla su temi che le interessavano, che avevano più a che vedere con la motivazione, l'entusiasmo e i successi del compagno. Scongiurati i lamenti ossessivi che ostacolavano l'effettiva ricerca delle soluzioni ai problemi, Sonia poté tornare a far parte della vita di Ed ascoltandolo e facendogli sentire di essere orgogliosa e felice per lui.

Come smettere di dare il partner per scontato

Imparate a capire come e quando lo date per scontato

Può essere difficile abbandonare le vecchie abitudini, specialmente se reiterate da chi vi circonda. Se scoprite di dare il vostro compagno per scontato in uno qualunque dei modi che abbiamo visto, ammettetelo. Resistete alla tentazione di difendervi con ragionamenti come quelli che seguono.

- «Ma abbiamo sempre fatto le cose in questo modo.»
- «Lui non si è mai lamentato di questo prima.»
- «So che, se gli desse davvero fastidio, ormai mi avrebbe detto qualcosa, e non lo ha fatto.»
- «Ho solo pensato che non gli dispiacesse avere qui i miei amici tutti i fine settimana/ascoltarmi parlare per ore del mio lavoro/andare sempre al supermercato.»
- «Sa che lo amo e lo apprezzo, non c'è bisogno che glielo dica.»

Non ci sono giustificazioni a dare per scontato il proprio compagno. Prima riconoscerete l'errore, prima modificherete il vostro comportamento ed eviterete l'insorgere del rancore che inevitabilmente ne deriva. Riflettete sulle conversazioni più recenti. Domandatevi: «Gli ho davvero dedicato tutta la mia attenzione mentre parlava? L'ho ascoltato con lo stesso interesse che mi ha dimostrato lui? L'ho interrotto o corretto? Ho minimizzato i suoi problemi, o non ho dato loro la stessa importanza che gli attribuiva lui?»

Pensate a situazioni in cui eravate voi due soli, e ad altre in cui vi trovavate in compagnia di altri, a come decidete di trascorrere i momenti liberi. Accettate inviti e prendete impegni anche per lui senza verificare prima la sua disponibilità? Nella gestione del tempo, prevalgono le cose che dovete rispetto a quelle che volete fare? Quando uscite insieme, qual è l'occasione: una cena a lume di candela o una faticosa commissione? Se date un'occhiata alla vostra agenda, gli appuntamenti con il partner sono segnati in rosso o annotati a matita, magari in attesa di essere sostituiti da altri impegni?

Promettete di mantenere vivo l'amore

Quando sospettate di avere dato il partner per scontato, mettetevi alla prova. Se scoprite di dover fare uno sforzo consapevole per dimostrare apprezzamento e rispetto, ci sono buone probabilità che siate nuovamente cadute in questo errore.

Come ho già avuto modo di farvi notare, spesso il nostro comportamento riflette convinzioni e atteggiamenti accettati senza discutere, trasmessi dai genitori, dai partner e dagli amici.

A prima vista potrebbe sembrarci normale lasciar svanire l'amore e le tenerezze con il passare degli anni, ma tenere vivi questi aspetti della convivenza è molto salutare per la relazione. Non vi piacerebbe essere una coppia di vecchietti che si amano ogni giorno di più?

Come mantenere vivo l'amore

1. *Siate affettuosi.* Sfioratevi, baciatevi, abbracciatevi e coccolatevi regolarmente, senza necessariamente arrivare a un rapporto sessuale.

2. *Curate e proteggete la vostra relazione come fosse una persona.* Dedicatele del tempo di buona qualità, proprio come fareste con un amico o un figlio.

3. *Ridefinite la vostra parte.* Createvela a vostra misura, invece di aderire ciecamente ai modelli imposti dalla società.

4. *Individuate tutte le cose che fate sempre o non fate mai.* Siate più esigenti sul modo di trascorrere il vostro tempo insieme.

5. *Dimostrategli ogni giorno di apprezzarlo.* Ditegli che lo amate e spiegateglielne le ragioni. Non limitatevi a dire: «Ti voglio bene», osate: «Adoro il tuo sorriso meraviglioso/le tue splendide chiappe/il modo in cui ti comporti con i bambini».

6. *Preservate con cura i vostri ricordi, e oggi createne di nuovi che domani possano essere custoditi come doni preziosi.* Rammentate all'altro i momenti felici.

7. *Giocate.* Scatenate una battaglia di cuscini, togliete dallo scaffale più alto il Monopoli o riascoltate le canzoni che vi facevano da colonna sonora durante i primi incontri.

8. *Stabilite poche regole importanti per la qualità della vita in casa, quali:*
   • non gridarsi le cose da una stanza all'altra;
   • non interrompersi;
   • niente televisione, né telefonate non indispensabili durante la cena o dopo le undici di sera;
   • limitare le conversazioni spicciole a non più di un'ora al giorno;
   • nessuna chiamata di lavoro a casa, a meno che non si tratti di un'emergenza.

Approfondite il legame che vi unisce

Il vincolo tra due persone innamorate si sviluppa gradualmente e, allo stesso modo, con il tempo potrebbe andare perduto. Per rinsaldarlo, voi e il compagno dovrete rimettervi in pari. Pensate all'ultima volta in cui vi siete sentiti veramente vicini. Potrebbe essere stato prima della nascita di vostra figlia, prima della sua promozione, o prima del trasloco. Senza biasimare né lui, né voi stesse, parlate di quanto è accaduto e di come entrambi avete contribuito al mutamento avvenuto nella relazione. Ripercorrete gli anni trascorsi da allora, discutendo gli avvenimenti più importanti e individuando i momenti più felici e quelli meno piacevoli, parlate di come avreste potuto agire diversamente, ridefinite le vostre priorità. Insieme, potreste decidere di non investire i risparmi in quella casa più grande, per regalarvi invece periodi di vacanza e intimità. O che forse prima di avere un altro figlio sarebbe meglio aspettare che le cose tra voi migliorino.

Mediate fra i traguardi individuali e gli obiettivi della relazione. Non nascondetevi i reciproci pensieri o stati d'animo. Promettetevi che nessuno dei due si permetterà più di dare l'altro, o la vostra unione, per scontati. Stabilite una frase in codice che userete nel caso aveste la sensazione che accadesse, per esempio: «Non dimenticare, tesoro, che siamo io e te contro il mondo».

Ogni giornata porta una chiassosa parata di persone e cose che reclamano la vostra attenzione. Anche se siete tempestate da richieste di ogni tipo, siete voi a scegliere chi e che cosa si prenderà il tempo, l'affetto e l'energia di cui disponete. Potete decidere di dare la priorità al vostro compagno e al buon funzionamento del rapporto, se lo volete. Con sagacia, impegno e creatività, potrete sviluppare e proteggere la vostra relazione e renderla più viva che mai.

Cinque segreti infallibili per avere
una grande intimità

1. *Parlate della vostra relazione*. Verificate regolarmente come si sente il compagno nei vostri confronti. Nasconde rancori, sofferenze, delusioni? Chiedetegli di raccontarveli ed esprimetegli i sentimenti che vi suscitano, facendogli comprendere che quei momenti di intimità emotiva vi fanno sentire più vicine a lui.

2. *Ripensate alle belle esperienze che avete vissuto*. Rammentatevi continuamente le circostanze felici che hanno contribuito ad avvicinarvi.

3. *Mettetelo a parte degli avvenimenti della vostra vita, passati e presenti*. Spiegategli come vi siete sentite quando è morto il vostro cucciolo, o nell'istante in cui avevate scoperto il tradimento di un vostro partner, o di quella volta in cui la professoressa vi ha interrogato e voi non avete saputo rispondere e così via. Chiedetegli di fare la stessa cosa con voi.

4. *Se possibile, tenetevi in contatto durante la giornata*. Domandategli come gli stanno andando le cose, e raccontategli di voi.

5. *Improvvisate, spezzate la routine giornaliera ogni volta che potete*. Rimanete alzati fino a tardi, andate a fare una passeggiata a mezzanotte, incontratevi dopo l'ufficio per un aperitivo, preparate una cena a sorpresa.

9

Errore numero sette: lasciare spegnere la passione

UNA delle cose più tristi che sento ripetere nel mio studio è: «Amo il mio uomo, è solo che non sono più innamorata di lui». In una dozzina di parole o poco più si celano dolore, rammarico, tristezza, rassegnazione, disperazione. Dei sette errori più stupidi, lasciar spegnere la passione è il più insidioso, perché di solito è il risultato di ciò che abbiamo trascurato, dimenticato o mai imparato a fare. Dato che riguarda il sesso, probabilmente parlarne con chiunque, compreso il nostro compagno, ci causa più imbarazzo di quanto ne proviamo discutendo di altri aspetti della relazione. La passione si spegne in un sospiro, senza clamore, e di frequente i partner non si accorgono del danno fino al sopraggiungere di una crisi che fa scattare l'allarme. In genere, si tratta di una relazione extraconiugale, possibile o già consumata, e in quel caso talvolta è ormai troppo tardi per correre ai ripari.

Le coppie che all'inizio avevano alimentato l'amore con l'ardore dell'intesa sessuale non riescono quasi mai a spiegarsi come la situazione abbia potuto trasformarsi tanto radicalmente con il trascorrere del tempo. È accaduto molto gradualmente, spiegano, e non se ne sono nemmeno resi conto. L'unico dato di fatto è che a un certo punto hanno smesso di fare sesso. In linea di massima, presumono che per certi versi sia normale, ma, anche se non lo fosse, in ogni caso non saprebbero come tornare indietro. Si sa, c'è il lavoro, ci sono i figli, lo stress. Oppure, come ha affermato un'amica: «Ho accettato il fatto che le cose non saranno mai più come all'inizio». Queste persone osservano il loro paradiso personale farsi sempre più piccolo all'orizzonte, mentre la marea li sospinge in alto mare.

Mandy e David avevano poco più di trent'anni, erano sposati solo da tre, ed erano ancora molto innamorati e affettuosi, spesso si baciavano, si sfioravano e si coccolavano, ma di rado facevano sesso.

Lei insegnava a tempo pieno in una scuola e lui gestiva una catena di ristoranti e altre attività, occupazioni che lo tenevano impegnato in media sessanta ore la settimana. Quando l'argomento veniva a galla, lui si lamentava di essere troppo stanco per fare l'amore. Le giornate di Mandy erano altrettanto faticose, ma lei avrebbe voluto mantenere buona la vita sessuale con il marito, e si chiedeva se per caso non vi fossero seri problemi. David giurava di trovarla ancora attraente e addebitava la mancanza di desiderio all'eccessiva mole di lavoro, situazione che definiva temporanea; non appena rispettata l'ultima scadenza, assicurava, avrebbe avuto più energie e tutto sarebbe tornato alla normalità.

Solo in seguito, durante la terapia, resa necessaria dal fatto che Mandy si era quasi lasciata andare a una relazione extraconiugale, i due si aprirono e si comunicarono i loro veri sentimenti. La donna spiegò di sentirsi molto sola perché lui non era mai a casa e, quando ci capitava, era troppo stanco per fare qualsiasi cosa con lei. Lui ribatté di amarla, ma aggiunse di avere la sensazione che lei non lo sostenesse nella carriera. Mandy, dal canto suo, si sentiva ferita perché il marito non rispettava la sua professione, e lo accusò di comportarsi come un padre quando tentava di convincerla a lasciare l'insegnamento e diventare un'imprenditrice. David allora confessò di essersi stufato di vederla piangere ogni volta che affrontavano l'argomento, di avere perso la voglia di comunicare con lei, cosa che lo aveva portato anche a non provare alcuna attrazione sessuale nei suoi confronti.

Come la maggior parte delle coppie, David e Mandy avrebbero dovuto affrontare i problemi sessuali e i blocchi psicologici del passato, e lavorare anche su altri elementi della loro relazione. L'errore di lasciar spegnere la passione nasce dall'interruzione della comunicazione. L'incapacità di esprimersi è la prima, silenziosa palla di neve che provoca la valanga. Indipendentemente dagli altri problemi che i partner sviscerano nel tentativo di individuare le cause dell'assenza di passione, la mancanza di uno scambio emotivo li pone su una china che potrebbero non risalire più, anche se lo desiderassero disperatamente.

Dato che sia Alan sia io, nelle relazioni precedenti, avevamo commesso questo errore, oggi siamo molto attenti a proteggere il nostro amore. In periodi diversi, entrambi abbiamo fatto cose che avrebbero potuto mettere a repentaglio il nostro legame, ma ce ne siamo accorti in tempo e ci siamo fermati. Mentre lavoravo a questo libro, per esempio, ci sono stati momenti in cui l'ho ignorato. Ma se uno di noi percepiva una crescente distanza, lo comunicava immediatamente e direttamente all'altro, magari con un pizzico di umorismo, o utilizzando la nostra frase in codice: «Nessuna barriera tra noi». È stato essenziale affrontare il problema subito, non la settimana seguente, o al termine del mio lavoro, o quando mi fossi sentita meglio. Alan aveva dichiarato di capire i motivi della mia temporanea minore disponibilità, ma io non mi sono limitata a prendere atto della sua comprensione, ho fatto in modo di trascorrere con lui dei momenti speciali.

Sembrano inezie, e tuttavia è questo il segreto per mantenere solido il legame sessuale: le piccolezze significano molto. Durante la terapia, le coppie che lamentano la mancanza di desiderio e passione rivelano che la parete tra loro si è alzata lentamente, quasi impercettibilmente, mentre a una piccola ferita si sommavano due sofferenze di poco conto, poi un'altra, finché un giorno il muro è divenuto insormontabile.

Quando accarezziamo l'idea di una storia sentimentale al di fuori della relazione, o veniamo a sapere di qualcuno che ne sta vivendo una, tendiamo a pensare che il problema sia l'infedeltà. Di fatto, abitualmente ciò che porta a quel passo non è una grande esplosione, ma l'effetto cumulativo di dozzine o centinaia di piccoli risentimenti, irritazioni e offese cresciuti in silenzio.

Se poteste fare vostro uno solo dei messaggi che vi ho trasmesso in queste pagine, vorrei fosse questo: dovete assumervi personalmente la responsabilità dell'andamento e della qualità del rapporto. Ciò è particolarmente vero quando si tratta di proteggere l'integrità della vostra vita sessuale.

Oltre la porta della camera da letto si affollano le forze negative (i blocchi psicologici individuali sul sesso, le convenzioni sociali, uno stile di vita sempre più frenetico, per elencarne solo alcune) che possono distruggere la parte più preziosa del vostro amore, se non imparerete a sentire i primi campanelli d'allarme e non vi impegnerete a riportare la relazione sui giusti binari. Talvolta è possibile riaccendere la passione, ma devo avvertirvi, di tutti gli errori che abbiamo preso in esame, questo è quello che più spesso si rivela fatale. Ma è anche quello che potrebbe essere più facilmente evitato, se solo pensassimo a che cosa vogliamo e a come raggiungerlo.

Le convinzioni sbagliate che ci fanno abbassare la guardia

Quali delle frasi che seguono vi sembrano vere?

- Penso che sia normale essere meno interessate a fare sesso con il partner dopo avere vissuto insieme per un certo periodo.
- Sono convinta che la nostra vita sessuale migliorerà quando avremo più tempo a disposizione/partiremo per quella vacanza meravigliosa/i ragazzi se ne andranno di casa/la situazione tornerà alla normalità.
- Mi piacerebbe che la nostra vita intima fosse di nuovo focosa e appassionata, ma ho accettato che probabilmente non lo sarà più.
- Qualche anno fa la bottiglia in fresco nel frigorifero aveva un tappo, non una tettarella, la vasca da bagno era un nido d'amore, non una piscina per corsi di acquaticità prescolare. Non c'è da stupirsi che la passione si sia spenta.
- Sono ingrassata/ho compiuto trent'anni [o quaranta, o cinquanta]/ho avuto dei figli, e non mi sento più la donna sexy di un tempo.

Se una delle frasi riportate qui sopra vi suona realistica, o anche solo vagamente ragionevole, fermatevi! State rischiando di perdere la passione. Forse vi direte: «Sarà, ma lui non ha mai detto nulla su questo argomento. Anche lui è stanco/stressato/oberato di lavoro quanto me. È davvero un problema grave?» La risposta è sì, perché, accettando certi aspetti e sviluppi del rapporto come fatti normali, fate vostre delle convinzioni sbagliate che minacciano una vita sessuale attiva e soddisfacente.

Quando eravamo più giovani e la nostra storia d'amore muoveva i primi passi, il sesso – appassionato, selvaggio, mozzafiato – veniva da sé, tanto che probabilmente non ci riflettevamo più di tanto. Quelle scintille, quella magia... tutto accadeva come d'incanto, perché lui era l'uomo giusto. Proviamo a essere oneste con noi stesse e vedremo che, perfino quando le cose ci sembravano semplici, ci impegnavamo a fondo per rendere la nostra vita sessuale, e noi stesse, scintillanti. Il nostro compagno riceveva tutta la nostra attenzione e il nostro affetto. Gli parlavamo, flirtavamo, gli facevamo molti complimenti, ci divertivamo con lui. Pensavamo a che cosa avremmo detto e come, al nostro abbigliamento, alle cose che avremmo fatto. E, particolare fondamentale, ci preoccupavamo di come lui si sarebbe sentito, che cosa gli sarebbe piaciuto, come avremmo potuto essere certe di fargli sapere quanto tenevamo a lui.

A mano a mano che una coppia si frequenta e approfondisce la conoscenza, la relazione cambia. Il mistero e l'eccitazione che animano un'attrazione appena sbocciata svaniscono, ma in un'unione sana e forte il sentimento cresce e si evolve, proprio come i partner. Mentre loro maturano insieme, mistero ed emozione potranno andare e venire, ma l'intimità sempre più profonda e la fiducia sono in grado di creare un legame sessuale addirittura più intenso.

Perché il sesso è importante

In una relazione romantica, il sesso è l'ingrediente base che distingue due persone «innamorate» da quelle legate dall'amicizia o dalla consanguineità. Per rendere l'idea, in cucina farebbe la differenza tra un budino istantaneo e una mousse divina, il succo d'uva e lo champagne, le uova strapazzate e un soufflé. Dato che il sesso di buona qualità richiede totali apertura, fiducia, onestà e coinvolgimento emotivo, non esiste nulla in un'unione che possa sostituirlo. È giusto che stimiate vostro marito perché provvede alle necessità della vostra famiglia, che siate fiere del vostro tenore di vita e vi facciate assorbire completamente dai figli. È fantastico che voi due siate tanto amici, che vi ritroviate complici in tutto, e che gli amici invidino il vostro matrimonio. Quelli che avete raggiunto sono tutti obiettivi importanti di una relazione stabile e sana, ma non creeranno tra voi il legame intenso e unico che deriva solo da una buona intesa sessuale. Trascurando questo aspetto della vita di coppia, non solo indebolite la vostra unione dall'interno, ma ignorate anche una parte di voi stesse e vi negate l'accesso al santuario privato che avete costruito solo voi due. Per quanto possiate trovare delle giustificazioni definendo normale una situazione simile, nel profondo non la accettate. Se così fosse, nessuno avrebbe motivo di avventurarsi in una relazione extraconiugale.

Perché lasciamo che il legame sessuale si allenti

Smettiamo di considerarci sexy

Nella nostra società, la donna sexy è giovane, ricca, in ottima forma fisica, bella e libera; anche se razionalmente non accettiamo questa immagine, ne siamo in ogni caso condizionate e temiamo di non essere all'altezza. Allo stesso tempo, non riusciamo neppure a figurarci alcune persone (i nostri genitori, gli anziani, coloro che sono in sovrappeso) intente a fare sesso. E, quando entriamo a fare parte in una di queste categorie, ci chiediamo se abbiamo o no il diritto di rimanere sessualmente attive e se gli altri ci considerino ancora fisicamente attraenti.

Ho già accennato a come molti comportamenti che proponiamo nella relazione derivino da quelli osservati nella famiglia d'origine. A meno che non siate state tanto fortunate da avere avuto genitori affettuosi, romantici e teneri in vostra presenza, probabilmente non riuscite a concepire come possano avere intrattenuto un qualsiasi tipo di relazione sentimentale, figurarsi sessuale. Pertanto, spesso inconsciamente pensate che le brave madri-mogli e i buoni padri-mariti non debbano averla.

Non abbiamo una conoscenza approfondita delle questioni sessuali

Quando la fase del corteggiamento si conclude, spesso le coppie lamentano una diminuzione dell'attività sessuale, tuttavia, in genere non sentono il bisogno di migliorare la situazione «aggiornandosi». Se i partner sono poco esperti, potrebbero avere difficoltà ad affrontare l'argomento, poiché la sola idea che la loro vita intima potrebbe migliorare implica una qualche mancanza. Se invece uno dei due è più curioso o avventuroso dell'altro in materia di erotismo, il compagno potrebbe essere intimidito, offeso o infastidito dai tentativi di sperimentare qualcosa di nuovo.

Con il passare del tempo, i nostri orizzonti si allargano e i nostri gusti e interessi diventano più raffinati o ricercati. Probabilmente avete individuato nuovi passatempi o coltivato quelli abituali, come la cucina, l'arredamento, il cinema, i libri, l'abbigliamento, le idee e le attività che preferite oggi sono a vostro giudizio migliori, più intriganti, stimolanti, eccitanti o soddisfacenti di quelle svolte in passato. Tuttavia, raramente pensiamo al sesso in questi termini. Molte passano più tempo a scegliere e sperimentare nuove acconciature o stili di arredamento che variazioni sul tema del sesso. Indipendentemente da quanto possa piacerci fare all'amore, la stessa coreografia alla lunga si fa meno eccitante, se non noiosa. Alcune coppie si sono talmente adattate alla routine in camera da letto che trovano addirittura più stimolante preparare una torta o fare gli straordinari in ufficio.

Potrebbero esserci dei problemi fisici

Spesso le persone non sono consapevoli di quanto certe condizioni di salute, terapie mediche e farmaci possano condizionare negativamente la vita sessuale. In molti casi il problema si sviluppa così gradualmente che i partner lo attribuiscono a tutto tranne che alle condizioni fisiche. Se voi o il vostro compagno state attraversando un periodo di scarso desiderio sessuale o avete disturbi di vario genere (impotenza, sensazioni dolorose o fastidiose durante la penetrazione, anorgasmia), parlatene con un medico e pensate alle possibili cause elencate qui di seguito.

- Effetti collaterali di farmaci e prodotti da banco. I medicinali comunemente prescritti per la cura di alcune patologie (tra cui ipertensione, ansia, depressione, sinusite e allergie) possono inibire la prestazione sessuale. Certi tipi di antidepressivi, per esempio il Prozac, provocano una riduzione del piacere e anche l'assenza di orgasmo.
- Livelli ormonali in diminuzione, bassi o variabili. Con il passare degli anni, sia gli uomini sia le donne producono quantità sempre più ridotte di ormoni sessuali. Negli uomini, il calo del testosterone può portare all'abbassamento della libido, all'incapacità di mantenere l'erezione, affaticamento e depressione. Nelle donne, la diminuzione degli estrogeni (che inizia intorno ai trent'anni) può condurre a una serie di problemi che vanno dalla diminuzione del desiderio sessuale al dolore durante la penetrazione.

Se siete alle soglie della menopausa, o già in menopausa, potreste discutere con il vostro ginecologo l'opportunità di iniziare una terapia ormonale o un trattamento equivalente. Dal momento che ogni donna reagisce a questi farmaci in modo diverso, potrebbe volerci un po' di tempo per identificare quello che meglio si adatta alla vostra situazione e migliora la vostra vita sessuale.

- Altre condizioni fisiche. Se voi o il vostro compagno avete sofferto di gravi problemi di salute, l'esperienza potrebbe avere modificato la percezione che avete di voi stessi dal punto di vista fisico e sessuale. Gli uomini sopravvissuti a un infarto e le loro compagne spesso temono che un rapporto intimo troppo focoso possa scatenare un altro attacco cardiaco. Le donne che hanno subito un'isterectomia o l'asportazione di una mammella potrebbero sentirsi poco desiderabili. Per risolvere queste difficoltà, può essere utile consultare un medico o uno psicologo specializzato.
- Problemi di fertilità. Quando abbiamo avuto o abbiamo difficoltà di concepimento, spesso iniziamo a considerare il sesso come un'attività mirata a un preciso obiettivo. Dopo mesi o anni trascorsi tenendo d'occhio il calendario e programmando i momenti d'amore, i partner potrebbero credere di avere perso per sempre la magia di certi incontri. Quando le donne non riescono a rimanere incinte o subiscono un aborto spontaneo, può darsi che la coppia arrivi a considerare il sesso come una triste reminiscenza della loro perdita. Se avete vissuto un'esperienza di questo genere, vi raccomando di rivolgervi a uno psicoterapeuta che possa aiutarvi a elaborarla e superarla.
- Contraccezione. È difficile rimanere concentrate sulle gioie del sesso quando contemporaneamente ci si chiede se il metodo contraccettivo utilizzato sia comodo o affi-

dabile. Probabilmente anche il vostro corpo è cambiato; forse pensate che dieci anni di pillola siano abbastanza, o che non volete più avere a che fare con diaframmi o profilattici. Potreste anche avere modificato il vostro atteggiamento nei confronti della contraccezione o delle gravidanze indesiderate: se avete già avuto dei figli e non ne desiderate altri, potreste prendere in considerazione una soluzione definitiva, quale la legatura delle tube o la vasectomia (per il partner). Quale che sia, trovate la soluzione che meglio si adatti alle esigenze che voi due avete in questo momento.

Non parliamo mai di sesso

I più non riescono a parlare apertamente di sesso perché è un argomento scabroso. Crediamo che non dovremmo esprimere al nostro compagno ciò che desideriamo; del resto, non lo avevamo fatto neppure all'inizio. In realtà, non riusciamo a capire che, poiché le persone crescono e cambiano, anche le loro preferenze e necessità sessuali possono variare. Magari ciò di cui dieci anni fa non riuscivamo a fare a meno oggi ci dà fastidio, e quel lungo massaggio che allora ci spazientiva un po' perché vedevamo il partner solo una volta la settimana, ora è soltanto un sogno.

Anche se ci siamo liberate dei blocchi psicologici e ora riusciamo a parlare liberamente di sesso, quando ne discutiamo nell'ambito della relazione dobbiamo venire a patti con tutta una serie di emozioni potenzialmente pericolose: amore, rifiuto, fallimento, colpa. Temiamo che, iniziata una conversazione su ciò che desideriamo o che secondo noi potrebbe avere un effetto positivo, il nostro uomo ci allontani o ci attribuisca la responsabilità di un dato problema. Prima o poi, a tutte è capitato di essere state criticate per la prestazione sessuale, e non dimentichiamo mai la sensazione di vergogna e sofferenza provata. Siamo ancora preoccupate che il partner ci incolpi di eventuali difficoltà.

Per far sì che le cose migliorino dovete parlare di sesso. Scegliete un momento in cui siete voi due soli, senza distrazioni. Utilizzando i quattro passi verso una comunicazione sana, spiegategli le vostre emozioni, perché ritenete che i rapporti intimi stiano peggiorando, e quanto è importante per voi rimediare. Chiedetegli le sue impressioni e di impegnarsi con voi per trovare una soluzione.

Invece di risolvere i problemi, accumuliamo rancore

Come la maggior parte dei fiumi sfocia nel mare, anche il risentimento tra i partner trova il modo di esprimersi, spesso nella vita sessuale. Ogni pensiero negativo sul compagno, tutti i torti che sentite di avere subito e ogni disappunto lasciato in sospeso si sommano, fino a innalzare un muro tra voi. Se non abbatterete la barriera non proverete l'attrazione, l'ammirazione e i sentimenti intensamente piacevoli che devono fluire per far rinascere il desiderio. Tra l'altro, dal momento che considerate fare all'amore come un dono prezioso che concedete, sapete benissimo come servirvene per dare una punizione, negandovi. Inoltre, siete coscienti che nessuno dei due affronterà l'altro su un argomento che non riuscite a discutere con serenità, o che vi rende troppo vulnerabili.

Perdiamo entrambi il brio

Nell'urgenza di fondere le nostre identità individuali nella coppia, spesso smarriamo la nostra unicità. Credendo che i partner debbano concordare su tutto, abbiamo smussato gli spigoli e ci siamo liberati delle tessere che secondo noi non potevano comporre il puzzle. La mia cliente Jeanne aveva rinunciato ai suoi eccentrici amici artisti perché a suo marito Arnie non erano molto simpatici; in cambio, lo aveva convinto a vendere la sua amata Harley-Davidson perché ne aveva paura. Entrambi avevano perso, oltre alle cose che si erano lasciati alle spalle, parte della loro individualità e autostima. Il problema potrebbe aggravarsi se inizialmente vi avevano attratte verso l'altro particolari apparentemente contraddittori, insolite sfaccettature della sua personalità che lo rendevano eccitante e intrigante (Arnie era un commercialista che nei fine settimana cantava in un gruppo rock). Arnie e Jeanne, potrebbero confermarvi di trovare l'altro meno interessante rispetto agli esordi della loro relazione.

Tentando di cambiare il vostro uomo per renderlo più compatibile con voi, spesso smorzate senza rendervene conto la sua vivacità. All'inizio potreste avere ammirato il suo desiderio di fare carriera; oggi gli chiedete di lavorare meno e aiutarvi con i bambini. Viceversa, un tempo lui vi faceva i complimenti per il fisico atletico e l'abbigliamento sempre curato e alla moda, mentre ora si lamenta se trascorrete troppo tempo in palestra e a fare acquisti, e si preoccupa delle persone che vedete.

Senza accorgersene, le coppie spesso barattano lo stile di vita dei tempi del fidanzamento con una selva di abitudini poco salutari per il romanticismo. Jeanne aveva eliminato i pigiami di seta per passare ad ampie magliette, e rifiutava l'idea di fissare degli appuntamenti intimi con il marito perché li trovava «artificiosi». Arnie si trascinava a letto dopo una serata in palestra. La loro camera, già tempio del loro amore, era diventata una stanza multiuso in cui si cambiavano pannolini, si coccolavano bimbi malati, con il pavimento ricoperto dalle scartoffie di lavoro. Da quando si erano assunti delle importanti responsabilità, non riuscivano a immaginare di lasciare inserita la segreteria telefonica o di prendere un giorno di permesso per rimanere a letto insieme. Li ho avvertiti: non si può trascurare o ignorare il sesso e aspettarsi di solleticare i sensi del partner.

Siamo segnati dalle precedenti esperienze sessuali

Forse nella famiglia in cui siete cresciuti c'erano problemi di carattere sessuale, avete subito degli abusi durante l'infanzia, e/o vi è stato insegnato che il sesso è sporco e le persone che lo praticano sono disgustose. Può darsi che in seguito, in età adulta, abbiate vissuto violenze lievi o serie inflitte da amanti, mariti o altri uomini che vi hanno molestate, intimidite, aggredite e/o violentate.

Se è così e non ne avete ancora rielaborato gli effetti, è necessario che lo facciate subito. Rivolgetevi a uno psicologo specializzato nel trattamento di questo tipo di problemi. Le donne che hanno subito violenza da piccole ne porteranno sempre in qualche modo le conseguenze nelle relazioni adulte: rifiutano qualsiasi esperienza sessuale, o magari scelgono la promiscuità, certe pratiche o posizioni potrebbero provocare loro dei flashback e risvegliare, anche inconsciamente, ricordi dolorosi e sconvolgenti.

Ognuno di noi ha la sua dose di brutti ricordi a sfondo sessuale: il partner che non faceva l'amore se non era ubriaco o fatto, quello che criticava il vostro corpo, le vostre tecniche, i vostri desideri, il tale che si era rivelato il migliore ma non ricordava il vostro nome quando lo incontravate la settimana dopo. È importante rammentare che spesso le persone sono crudeli per ragioni che non hanno nulla a che vedere con voi. Non credo di essere ingiusta nei confronti degli uomini affermando che alcuni di loro sono estremamente bruschi e insensibili in materia di sesso, perché hanno imparato che un certo comportamento è proprio del maschio. Pensate quanto sono diversi il vostro attuale compagno e la relazione odierna, che siete più mature e più sagge, e probabilmente anche più esperte a letto. Per esempio, Danielle, una mia cliente, risentì per vent'anni dalle critiche che un ex fidanzato le aveva mosso riguardo alle sue prestazioni sessuali. Un giorno stava meditando su quanto fossero sciocchi i ragazzini di diciassette anni, quando rimase folgorata da un'illuminazione: l'uomo che l'aveva tanto ferita allora aveva quell'età. Di colpo, la validità dell'opinione di lui e il suo potere di farle del male svanirono.

Una sofferenza di questo tipo può portarci ad andare a caccia di rifiuti, ossia a desiderare di fare sesso solo con coloro che non si dimostrano attratti da noi. Se questo è il vostro caso, dovrete discuterne con il partner per fargli capire che più lui vi desidererà, meno avrete voglia di lui. Contemporaneamente, dovrete ripercorrere ed esorcizzare gli episodi passati legati al senso di rifiuto.

Qualunque cosa facciate, comunque dobbiate farla, rifiutate di portarvi dietro sensi di colpa o vergogna causati dalla confusione o da abusi sessuali precedenti. E, ancora più importante, proteggete l'attuale relazione dai danni che avete subito prima di avviarla. Se il vostro partner è in grado di offrirvi sostegno, confidategli le vostre esperienze; se è attento e comprensivo, coinvolgetelo per aiutarvi a risolvere i vostri problemi.

L'infedeltà

In genere consideriamo l'infedeltà la conseguenza della perdita di interesse di un partner nei confronti dell'altro, o del suo tentativo di soddisfare le sue esigenze al di fuori della relazione privilegiata. La riteniamo la causa, e non l'effetto, di un'unione agonizzante. Sentiamo dire: «Hanno divorziato perché lui ha avuto una storia». Nessun accenno alle pessime condizioni in cui versava il matrimonio prima del tradimento. Spesso si comincia a valutare la possibilità di essere infedeli quando ci si sente rifiutate, non amate o incomprese dal partner. Alcune iniziano una relazione extraconiugale perché hanno smesso di fare sesso con il coniuge. Tuttavia, i tradimenti avvengono anche per ragioni che vanno al di là dello stato di salute della coppia, perché le persone sono emotivamente immature per rimanere monogame, o ritengono il tradimento l'unico rimedio a una crisi di mezza età o a una qualche altra fonte di stress. Ci sono coppie in cui un'esperienza di questo genere costituisce un punto di non ritorno, poiché il legame sessuale ne esce irrimediabilmente compromesso, e il partner tradito si sente giustificato a fare altrettanto.

La vostra infedeltà

Il desiderio di avere un'altra storia è molto comune. Rifletterci o immaginare come potrebbero andare le cose non è disdicevole. Di fatto, le fantasie, se non vanno oltre, sono salutari. Quando vi ritrovate immerse in certi pensieri, chiedetevi che cosa apprezzereste in un nuovo amante che il vostro compagno non vi dà: romanticismo, spontaneità, più tempo insieme, confidenza, sostegno emotivo? Gli avete mai confessato che queste cose vi mancano e che vorreste rinnovare il vostro rapporto per riportarlo in salute? Avete davvero fatto tutto il possibile per affrontare le difficoltà e risolverle? Provateci insieme, lui potrebbe sorprendervi e trasformarsi nell'uomo che sognate.

Se però non riuscite a togliervi dalla testa l'idea di tradirlo, e credete di poterla giustificare perché

- pensate che il vostro compagno non vi ami;
- non sentite più la complicità tra voi;

- vi volete vendicare per qualcosa che ha detto o fatto;
- avete incontrato qualcuno che vi attrae, siete annoiate e pensate che la situazione potrebbe essere eccitante...

Fermatevi! Questi sono tutti sintomi che la vostra relazione è già in grave pericolo, e un'infedeltà potrebbe assestarle il colpo fatale. Se avete anche solo la minima intenzione di salvarla, mettete da parte almeno per il momento la voglia di avventura, impegnatevi e scoprite se sia possibile recuperarla.

Indipendentemente da come, quando e per quali ragioni inizia, una relazione al di fuori della coppia si rivela sempre una pessima idea, perché sgombra la strada al rimorso, ai sensi di colpa e alla possibile fine della vostra convivenza. Raramente, se non addirittura mai, serve risvegliare un partner distratto e distante e rimetterlo in riga. Se l'eventualità di una scappatella vi stuzzica, consideratelo un allarme rosso: vi indica che c'è qualcosa che non va. Tenetene conto, analizzate il vostro rapporto con il compagno e assicuratevi di non avere trascurato nulla, che la situazione sia sotto controllo. Le coppie che riescono a superare un tradimento, di solito ce la fanno a non grazie alla, ma a dispetto della trasgressione. Se siete certe che il vostro uomo non vi ami più e non vi sia speranza di riconciliazione, allora mostrate a lui e a voi stesse almeno un minimo di rispetto: ponete fine alla relazione prima di iniziarne un'altra.

L'infedeltà è una minaccia costante perché imprevedibile. Vi ritrovate a parlare con qualcuno di cose che in precedenza non avevate mai condiviso con altri, lui è paziente e sembra comprendervi come il vostro partner non è mai riuscito a fare. Un attimo dopo, senza neppure rendervene conto, state facendo all'amore con lui, che è dolce e si dedica totalmente a voi, facendovi sentire la donna più bella del mondo. È gentile, attento, perfetto. Stentate

Nove passi per evitare l'infedeltà

1. Ammettete a voi stesse che siete attratte da quell'estraneo, poi chiedetevi perché. Scoprite che cosa sta realmente accadendo, sia con lui, sia tra voi e il vostro compagno.

2. Resistete alla tentazione di parlare con quest'uomo, o con chiunque altro, dei problemi che affliggono la vostra relazione finché non li avrete discussi con il partner e non gli avrete dato la possibilità di agire.

3. Se non avete fatto un tentativo onesto di risolvere i problemi con il compagno, non seguite l'impulso dell'attrazione che provate. Ponetevi dei limiti, quali: «Non farò tardi per parlare con lui. Sarò gentile, ma non flirterò. Rifiuterò di vederci da soli e gli farò capire che non deve toccarmi».

4. Affrontatelo riguardo alle avance che vi fa o persino all'attrazione reciproca, ma spiegate chiaramente dove volete fermarvi. Per esempio, ditegli che avete una relazione stabile e che volete che vi rispetti, facendosi da parte, mentre riflettete e lavorate con il partner sulla vostra unione. Spesso discutere le nuove emozioni e stabilire dei confini ben precisi aiuta a smorzare la tensione sessuale.

5. Evitate di incontrare l'uomo che vi attrae quando siete impegnate con il compagno nella risoluzione dei vostri problemi.

6. Ripetetevi che la storia che state sognando/prendendo in considerazione/programmando è una fantasia. Il mistero e il fascino del potenziale amante derivano in gran parte dal fatto che non lo conoscete. Sforzatevi di considerarlo in maniera più realistica. Concentratevi sui suoi difetti e rendetevi conto che ci sono molte cose di lui che non sapete. Tentate di pensarlo come pensereste all'altra donna, nel caso in cui vostro marito avesse una relazione extraconiugale.

segue

7. Dite al vostro compagno che qualcuno vi dimostra molto interesse, e ammettete che è piacevole sentirsi adulate, corteggiate e tempestate di attenzioni. Spiegategli che non avete seguito il vostro impulso e che non volete farlo, ma vi sentite tentate. Chiedetegli di aiutarvi a evitare un'infedeltà impegnandosi con voi a migliorare il vostro rapporto.

8. Dite al compagno che preferireste fosse lui a dire e fare le cose che invece vi vengono dal nuovo corteggiatore. Chiaritegli le vostre necessità e chiedetegli di soddisfarle. Se si è allontanato da voi, domandategliene il motivo. Ascoltatelo con attenzione. Tentate di risolvere i vostri problemi. Dategli – e datevi – un'opportunità di cambiare e di riaccendere la passione.

9. Preparatevi a dare un ultimatum al vostro partner. Se prende le vostre preoccupazioni alla leggera o se non dà segni di reazione, fateglisapere quali saranno le conseguenze. Chiaritegli che, anche volendo salvare la vostra unione, non potete farlo da sole. Avvertitelo che non trascinerete una relazione senza sesso né passione e che, se continuerà a comportarsi come ha fatto finora, porrete fine al vostro legame

Il valore di questi consigli è doppio. Innanzi tutto, vi offrono il tempo, la motivazione e gli strumenti per cambiare e mantenere il rapporto che state vivendo. In secondo luogo, se non è possibile recuperarlo, vi consentono di lasciarvelo alle spalle senza sensi di colpa e mantenendo intatte l'autostima e l'integrità. Potete iniziare una nuova relazione consapevoli che siete uscite dal precedente con grande correttezza.

a credere che un uomo simile esista, se non nelle soap opera e nei romanzi rosa.

Ma questo angelo non esiste nella realtà, né esistono storie perfette, esenti da complicazioni. È pericolosamente ingenuo abbandonarsi pensando che si tratterà solo di una scappatella.

All'estremo opposto, le donne che si aspettano che un'infedeltà si evolva in qualcosa di duraturo, non si rendono conto che l'amante di cui si sono infatuate (qualcuno che in quel momento tradisce un'altra e/o le ha incoraggiate a tradire) probabilmente non cambierà. Se si è comportato disonestamente per stare con loro, niente di più facile che in futuro menta di nuovo. Le statistiche dimostrano che la maggior parte delle persone che si concedono un'avventura sessuale, alla fine scelgono di rimanere con il coniuge/convivente.

Se vi siete lasciate andare, oltre a dover affrontare i vecchi problemi che vi hanno portate al tradimento, vi siete ulteriormente complicate la vita con l'infedeltà e le que-

---

Sette indizi per capire se il partner vi tradisce

1. Riacquista improvvisamente interesse per il suo aspetto e abbigliamento.
2. Ha una nuova cerchia di amicizie e conoscenze che non vi invita a frequentare.
3. Ha cambiato le abitudini sessuali: è troppo stanco per fare all'amore, oppure preferisce essere eccitato in modi inconsueti.
4. Non comunica emotivamente, non divide più nulla con voi e non litiga neanche.
5. Sta attraversando una crisi di mezza età; la sua personalità è cambiata e tutto d'un tratto dimostra interesse per nuove idee, località e cose.
6. Non sopporta di stare in casa a lungo e non si dimostra né orgoglioso, né interessato, a ciò che vi accade.
7. D'un tratto sembra colpevole o disinteressato: «Compra quello che vuoi, fai ciò che credi, non me ne importa nulla».

---

stioni che apre (fiducia, onestà e così via), rischiate di non essere perdonate, o di accorgervi in seguito che il vostro compagno non riesce a dimenticare. Tra l'altro, per iniziare o proseguire la storia, avete dovuto comportarvi in modo disonesto o poco rispettoso verso di lui, e ciò contribuisce ad accrescere il vostro senso di colpa e di perdita dell'integrità personale.

La sua infedeltà

A volte lo si capisce subito, altre ne abbiamo le prove, ma continuiamo a non vedere. Come sapere se il partner vi è infedele?

Prima di affrontarlo, riflettete su che cosa significhi per voi un'infedeltà. Se non siamo mai state tradite, pensiamo che un tale affronto sarebbe imperdonabile e segnerebbe senza alcun dubbio la fine della relazione. In realtà alcune fanno almeno un tentativo di salvare la loro unione, e certe coppie ne escono persino più forti.

Riflettete e siate oneste. Non potrete mai perdonare o volete andare oltre? Resistete alla tentazione di essere irrispettose, perché poi vi sentireste insicure, poco equilibrate e in colpa.

Non controllategli il portafogli o la valigetta, non spiate le sue telefonate, non cercate sempre di coglierlo in fallo quando mente, servirebbe solo a esacerbare la vostra collera e non cambierebbe la situazione di una virgola. Dovete rimanere lucide, perché il vostro obiettivo è prendere la decisione migliore per voi stesse e per la relazione, non punire il compagno.

Se lui lascia l'altra e si impegna a salvare l'unione, onorate la vostra parte di impegno. Ritagliatevi del tempo per trascorrere dei momenti romantici, ma non rincorretelo. Dimostratevi disponibili ma orgogliose. Non piagnucolate, non supplicate, non agite alla disperata. Non lasciate il vostro futuro e la vostra felicità solo nelle sue mani: una parte deve essere preparata al peggio.

Rimettete in sesto la vostra vita, dedicatevi ai vostri interessi, frequentate gli amici e riprendete a fare qualunque cosa vi renda la donna vitale ed eccitante di cui si era innamorato, e di cui potrebbero innamorarsi altri.

Che fare se sospettate che vi tradisca

- Non negate l'evidenza, non nascondete la testa nella sabbia, non trovate giustificazioni al suo comportamento.
- Fatevi sentire e dite al compagno che cosa sospettate e perché. Parlatene. Mostratevi vulnerabili. Chiedetegli se vi ama ancora; se la risposta è affermativa, domandategli di troncare la storia e di concentrarsi per recuperare la relazione. Se dice di non sapere quali sono i suoi sentimenti, ricordategli i periodi felici che avete trascorso insieme e spronatelo a lavorare con voi per riportare in vita l'amore.
- Rendetegli facile essere sincero. Ditegli: «So che non vuoi dirmi la verità. E, se mi stai tradendo, non posso fingere che questo non mi ferisca. Ma, se sarai onesto con me, potremmo farcela. Se invece c'è un'altra donna e scegli di mentirmi, non mi lascerai altra scelta se non lasciarti».
- Dategli un ultimatum. Ditegli che ha due possibilità: o decidere di troncare l'altro rapporto o andarsene subito, senza «se», «ma», «però».
- Spiegategli che ha il dovere di raccontarvi che cosa provava nei vostri confronti quando ha avviato la relazione extraconiugale, e perché. Se non è in grado di farlo, esortatelo a rivolgersi a uno psicoterapeuta.
- Domandategli di impegnarsi a essere onesto. Fategli promettere che vi dirà quando avrà delle sensazioni negative nei vostri confronti o si sentirà trascurato, in modo da prevenire altre infedeltà.

Come mantenere viva la passione

Rimanete una donna vitale, curiosa e interessante

Non potete tornare indietro nel tempo ed essere esattamente come eravate quando avete incontrato il vostro compagno, ma potete assumervi la responsabilità di mantenere voi stesse e la vostra vita vibranti, interessanti ed eccitanti. Facendo le cose che ci rendono felici – dal coltivare i nostri passatempi al masturbarci quando lui non è disponibile o interessato – non ce la prendiamo con il partner perché non è riuscito ad accontentarci.

Ammettete di avere permesso al lavoro, ai figli, alla casa, al mondo intero di inserirsi tra voi e il vostro uomo, giurate di passare più tempo insieme, voi due soli. La prossima volta che vi capiterà di dover scegliere fra trascorrere un pomeriggio impegnati in una qualche incombenza domestica, e concedervi un tranquillo e romantico picnic, promettete che farete le «cattive». Dopo tutto, qual è la cosa peggiore che potrebbe accadervi? Oppure, se invertite il punto di vista, qual è la migliore? Per sentirvi ed essere sexy, dovete pensare al fascino come a uno stato mentale costante, non un atteggiamento da sfoggiare a letto e poi rinchiudere nell'armadio.

Voi e il vostro compagno vi sentivate attratti l'uno verso l'altra ben prima di quel magico bacio o della prima notte. Eravate state colpite dalla persona nel suo insieme, dal modo in cui si comportava con gli altri. La biancheria mozzafiato, le lenzuola di seta e un nuovo paio di manette possono fare meraviglie, ma non avranno mai la meglio sulla scarsa autostima, la depressione e l'insoddisfazione. Nessun espediente o travestimento può cambiare il modo in cui vi sentite, mentre stare bene con voi stesse vi conferirà uno splendore cui lui non saprà resistere.

Come coltivare il sex appeal...
anche fuori della camera da letto

1. Individuate la vostra caratteristica più speciale e sfruttatela. Scegliete abiti che valorizzino la vostra figura, gioielli che mettano in risalto le mani o il volto, scarpe che vi conferiscano quel certo andamento, il trucco o la tinta di capelli che vi diano un tocco di vivacità in più.

2. Esercitatevi a camminare con sicurezza e fierezza: spalle indietro, petto in fuori, sguardo dritto. Dovete dare l'impressione di sapere dove state andando e come arrivarci. Se non vi riesce, fingete finché non vi verrà spontaneo.

3. Quando siete con gli amici, mostrate di essere felici di vederli. Ridete e divertitevi: vi renderà eccitanti.

4. Prendetevi cura di voi stesse. Sia che il vostro stile sia naturale e curato, sia che preveda un look più elaborato e sofisticato, mostratevi sempre al vostro meglio. Direte a tutti: «Tengo a me stessa».

5. Non lasciate che un raffreddore, un'eruzione cutanea, qualche chilo in più diminuiscano la vostra sicurezza o frenino la vostra sessualità.

6. Siate sempre voi stesse. Quando parlate con il compagno, siate spontanee, oneste, dirette ed espressive come in compagnia di persone del vostro sesso.

7. Mantenete il senso dell'umorismo. Imparate a rilassarvi e a sorridere di voi stesse e della vita. Questa qualità vi permetterà di vedere i problemi dell'esistenza nella giusta prospettiva.

Comunicate con il compagno, in particolare sulle questioni sessuali

Invitate il partner a spiegarvi che cosa lo eccita e quali cose lo infastidiscono, domandategli se pensa che facciate sesso con una frequenza soddisfacente o troppo spesso, perché ha perso interesse, o pensa che siate più attraenti che mai. Non fermatevi alla prima risposta, cercate di conoscere i motivi che hanno portato a determinate situazioni. La sfera sessuale è un altro ambito in cui non necessariamente dovete sempre essere d'accordo. Tentate di scendere a compromessi costruttivi. Lui ha voglia di fare l'amore più spesso di voi? Qualche volta, provate a procurargli piacere anche se non vi sentite particolarmente in vena di fare sesso (potreste scoprire che in certi casi si cambia facilmente idea).

Nei momenti di intimità mostrategli il vostro trasporto con parole, sospiri e gesti. Se vorreste dirgli che ciò che sta facendo non vi piace, aspettate a farlo e suggeritegli invece qualche variante che potrebbe eccitarvi ancora di più. Alludere a scherzi, film o esperienze precedenti può rivelarsi un valido stratagemma per fargli capire che preferireste una certa posizione o preliminari diversi.

Cambiate atteggiamento verso il sesso

Spesso ci sono questioni di natura sessuale che vi rendono nervose o vi provocano disgusto. Probabilmente le avete interiorizzate durante la crescita, magari da vostra madre, che non sapeva godere del sesso, o da vostro padre, che desiderava rimaneste a lungo vergini, o da sacerdoti che vi hanno insegnato che certe cose sono peccaminose. A meno che non desideriate per voi lo stesso tipo di vita sessuale che quelle persone hanno condotto (o non hanno condotto), dovrete prendere in esame le vostre idiosincrasie e sforzarvi di eliminarle.

Tutti abbiamo il diritto di mantenere le nostre posizioni, e può darsi che non vogliate affatto modificare la vostra linea di pensiero. Pur così, è buona abitudine riconsiderare periodicamente ciò che vi piace e ciò che non vi risulta gradito, quello che rifiutate di fare e le cose che potreste provare almeno una volta. Forse odiate il sesso orale perché alcuni partner in passato vi hanno obbligate a praticarlo. Ora, al vostro compagno, che si dimostra tenero e affettuoso, piacerebbe farlo con voi, ma gli avete opposto un rifiuto. Tentate di assumere un altro punto di vista e comprendere che nella relazione attuale è una variante che potrebbe portarvi a una maggiore intimità.

Chiedete al vostro uomo che cosa vorrebbe sperimentare. Se lo ritenete opportuno, spiegategli che vi piacerebbe avere un atteggiamento più aperto riguardo al sesso. Fate in modo di capire quali pratiche sessuali preferite e desiderate provare. Non permettete a nessuno di obbligarvi a tentare qualcosa che vi indispone o va contro i vostri principi. Potreste iniziare a esplorare nuovi orizzonti leggendo un buon libro sull'argomento. A volte le coppie scoprono che il solo parlare di queste cose è eccitante.

Imparate a concentrarvi sul sesso

Risvegliate la vostra consapevolezza sessuale. Mantenete il sesso nei vostri pensieri. Ricominciate a vedervi come una persona attraente: coccolatevi sensualmente mentre fate il bagno, siate sexy e comportatevi come tale con gli altri, godete dell'aspetto, della sensibilità, della fragranza del vostro corpo (e del suo). Prendete un pensiero negativo sul sesso («La sera sono troppo stanca per fare all'amore»), e trasformatelo in positivo («Sicuramente dopo un orgasmo mi farò una gran bella dormita»). Leggete libri che vi eccitino, magari romanzi porno di scarso valore, oppure grandi opere erotiche, quali quelle di Anaïs Nin. Sia che abbiate fantasie riguardo al partner, sia che le abbiate su Batman, non rinunciatevi, perché possono fare miracoli per la vostra vita sessuale: il cervello è la zona erogena più potente. Molte coppie assicurano che le fantasie stimolano davvero l'intesa erotica.

Come controllare l'orgasmo

1. Familiarizzate con il vostro corpo attraverso la masturbazione, finché non sarete in grado di portarvi all'orgasmo. Molte donne lo raggiungono toccandosi con le dita, mentre altre preferiscono usare un vibratore.

2. Eseguite regolarmente gli esercizi Kegel. Al di là dei vantaggi che vi deriveranno dal mantenere tonico il muscolo pubococcigeo (quello che utilizziamo per bloccare il flusso dell'urina), la sequenza delle contrazioni migliorerà la sensibilità vaginale e vi renderà più facile arrivare all'orgasmo.

3. Per regalarvi orgasmi fantastici, state sopra il vostro compagno. Controllare il ritmo e l'angolo della penetrazione vi consentirà di ottenere il tipo di stimolazione più adatta a voi.

4. Abbandonatevi, rilassatevi e rimanete ben presenti. Sgombrate la mente da qualunque altra cosa che non sia il vostro corpo e la sensazione del vostro uomo dentro di voi.

5. Sintonizzatevi sul suo orgasmo. Tentate di percepirne la progressione. Per ritardarlo finché anche voi sarete pronte, spezzate il ritmo e/o rallentate i movimenti.

6. Ricordate la sensazione degli orgasmi che avete raggiunto con la masturbazione. Per ricrearla mentre vi muovete su di lui, ditegli di toccarvi nello stesso modo, fatelo voi o usate un vibratore. Ad alcune donne basta tornare con il pensiero a una situazione di intenso piacere per riuscire a godere.

7. Una volta che sarete in grado di raggiungere un orgasmo insieme con il vostro partner, tentate di ritardarlo un po'. Potrete esaltarne l'intensità arrivando sul punto di abbandonarvici, e poi trattenerlo. Aumentate e diminuite il vostro grado di eccitazione diverse volte, prima di lasciarvi andare a quello che probabilmente sarà l'orgasmo più fantastico che abbiate mai provato.

Riscoprite il vostro compagno

Fate un passo indietro. Pensate di corteggiarlo e di sedurlo nuovamente. La prossima volta in cui lo bacerete, fingete che sia là prima. Quando avvertite che state per inserire il pilota automatico, fermatevi. Sussurrategli qualche tenerezza, o un commento spinto, fatelo stendere sul pavimento, suggeritegli di portarvi nella vasca da bagno o in un'altra stanza. Una notte, con il suo permesso, fatene il vostro oggetto sessuale, e successivamente scambiatevi le parti. Create delle situazioni strane quali il medico e l'infermiera, l'insegnante e lo studente, o altre che vi eccitino.

Controllate il vostro piacere

Ancora oggi molte donne si lamentano di non riuscire a raggiungere l'orgasmo, ma, quando chiedo loro se abbiano provato a procurarsene uno da sole, spesso ammettono di non avere mai tentato. Delegano al compagno il compito di regalare loro il piacere, sebbene non siano in grado di spiegargli che cosa desiderano.

Se non sapete che cosa sia un orgasmo, è tempo che lo impariate con la masturbazione. Se riuscite ad averlo da sole, ma non con il partner, dovrete esercitarvi a tenere sotto controllo il vostro corpo.

Un'ultima parola sulla morte della passione

Non dimenticate mai che la passione è fatta di emozioni intense. Svegliatevi, siate vitali, sensuali e fate sì che le cose tra voi due accadano. Divenendo più attraenti ed eccitanti, controllando i vostri orgasmi e rendendovi disponibili a nuove esperienze sessuali, potreste scoprire una persona seducente che vi piace davvero: voi!

Conclusione

La vita sentimentale ricca e soddisfacente che tutte sognano può essere vostra, e meritate di averla. Per anni ho pensato che una relazione fantastica fosse un'esperienza riservata ad altre, o addirittura impossibile. Se alcune donne la vivono davvero, ragionavo, devono essere più fortunate di me, o più attraenti, o meno in difficoltà. E una lunga serie di storie negative mi aveva insegnato che gli uomini causano troppi guai, forse più di quanti valga la pena sopportare. Come ho detto, quando incontrai Alan avevo ormai rinunciato a trovare la persona giusta.

Lui e io abbiamo commesso quasi tutti i sette errori più stupidi, sia nella nostra relazione, sia durante le precedenti. Quando iniziammo a frequentarci ci lanciavamo in soccorso dell'altro, e in alcune occasioni ci siamo aspettati di leggerci nel pensiero o abbiamo dato il partner per scontato; abbiamo addirittura rischiato di lasciar spegnere la passione che ci univa. Fortunatamente, ci siamo resi conto degli sbagli che stavamo facendo, abbiamo discusso i nostri problemi e li abbiamo superati. Il rapporto caldo, intimo, eccitante e affettuoso che abbiamo oggi non è il prodotto di un'intelligenza superiore alla media, o di essere fatti l'uno per l'altra. La sola cosa che avevamo ben chiara in

231

mente quando ci siamo conosciuti, e che neppure voi dovreste mai dimenticare, è che le storie d'amore finiscono non perché le persone siano «cattive» o perché i rapporti di coppia siano inevitabilmente problematici, ma a causa della nostra incapacità di vedere gli errori in cui incappiamo.

Le relazioni non sono complicate come temete che siano, a patto che evitiate di continuare a sbagliare. Per riuscirvi, seguite queste regole.

1. Proteggete la vostra identità personale.
2. Non tradite il partner, non mentitegli.
3. Comunicategli i vostri sentimenti e desideri.
4. Superate le difficoltà emotive del passato.
5. Mantenete vivo l'amore e il rispetto.
6. Quando l'altro non collabora, prendete le distanze e spiegategliene il motivo.
7. Stabilite dei limiti per cambiare il suo comportamento.
8. Siate la sua compagna, non sua madre.
9. Rimanete sessualmente attive.
10. Assumetevi la responsabilità della vostra vita, non della sua.

Una buona unione è un dono di Dio; è uno dei grandi piaceri della vita, ma è anche un'entità viva e in crescita che dovrà essere accudita e protetta per farle superare le difficoltà e i cambiamenti. Quando trovate l'equilibrio, quando siete entrambi in grado di raggiungere dei compromessi e vi impegnate a essere onesti, il vostro legame non potrà che rafforzarsi. I problemi possono divenire dei ponti verso una più profonda intimità, invece che degli ostacoli.

La comunicazione sincera e la vulnerabilità sono dimostrazioni di forza, non di debolezza, e chiedere e aspettarsi di ottenere ciò che si desidera rispecchia una mentalità equilibrata, non egoista.

Sembra semplice, e lo è. Uomini e donne conservano le loro differenze, e i rapporti possono essere difficili. Ma non siamo, come alcuni credono, rappresentanti di due specie incompatibili, e coppia non è sinonimo di difficoltà. Ognuno di noi – maschio o femmina che sia – ha bisogno di amore, sostegno e rispetto, e noi intuiamo, a ragione, che solo un'unione sana e romantica può darceli davvero. La ricetta segreta per un ottimo rapporto è la seguente: voi siete responsabili della vostra vita. Avete il potere di trasformare la vostra relazione in un amore appassionato, complice e duraturo; dovete semplicemente smettere di commettere gli errori che abbiamo esaminato.

Quando scegliete di non scrivere le vostre regole, vi arenate, perché tentate di costruire il futuro con i ruderi del passato, sia il vostro personale, sia quello non particolarmente luminoso dei rapporti uomo-donna. Se credete che le situazioni da voi osservate durante l'infanzia e l'adolescenza, o quelle che vi circondano oggi, siano ciò che fa per voi, allora preoccupatevi: con la giusta dose di negligenza, anche la vostra relazione diverrà insoddisfacente, noiosa e persino dolorosa. Se, invece, desiderate qualcosa di meglio (e, ripeto, lo meritate!), sgombrate il campo dalle convinzioni errate che intralciano e mettono in pericolo il vostro amore; in questo modo avrete già fatto molto per evitare di sbagliare.

Mentre vi guardate attorno, rammentatevi che non sempre ciò che è considerato normale è sano. Se volete modificare la vostra esistenza e la vostra unione, abbiate il coraggio di andare controcorrente. Riscrivete nuove regole che rispecchino chi siete veramente voi e il vostro compagno, e non ciò che gli altri si aspettano che siate. Siete unici, e lo è anche il vostro amore.

I partner che commettono alcuni degli errori di cui ci siamo occupate sono come due pasticceri davanti a una terrina, impegnati a preparare un'ottima torta da due ricette scadenti. Senza rendersene conto, mischiano ingredienti tra loro incompatibili (maltrattamenti e amore, riservatezza e intimità), velenosi (rancore, castigo), o immangiabili (disonestà, comportamento dominante e sottomesso). Invece di collaborare, ognuno segue la propria ricetta. Quando la torta non lievita, la glassa è troppo dolce e la farcitura inacidisce, entrambi danno per scontato che la colpa sia dell'altro. Non mettono mai in discussione la loro ricetta.

Al contrario, le coppie che costruiscono e mantengono relazioni felici e soddisfacenti non seguono formule prestabilite, stabiliscono le proprie. La loro torta probabilmente non piacerà a tutti, e potrebbe richiedere diversi tentativi prima di riuscire bene. Probabilmente dovranno tornare spesso in cucina per variare la ricetta e mantenerla appetitosa, ma sanno di doverlo fare per alimentare e proteggere qualcosa di prezioso e sano: la loro splendida relazione. Potranno così riassaporare ogni giorno la loro torta.

Finito di stampare nel marzo 2000
presso la Milanostampa S.p.A.
Farigliano (CN)
Printed in Italy